i y i k i k i t a

TİMAŞ YAYINLARI

İstanbul 2021

timas.com.tr

KENDİNİ AFFET
Adem Güneş

TİMAŞ YAYINLARI | 5297
Psikoloji Kitaplığı | 94

EDİTÖR
Seval Akbıyık

KAPAK TASARIM
Yasin Çetin

İÇ TASARIM
Nur Kayaalp

1. BASKI
Eylül 2021, İstanbul

ISBN
ISBN: 978-605-08-3916-6
9 786050 839166

TİMAŞ YAYINLARI
Cağaloğlu, Alemdar Mahallesi,
Alayköşkü Caddesi, No: 5, Fatih/İstanbul
Telefon: (0212) 511 24 24

timas.com.tr
timas@timas.com.tr
timasyayingrubu

Kültür Bakanlığı Yayıncılık
Sertifika No: 45587

BASKI VE CİLT
Matsis Matbaacılık
Tevfikbey Mahallesi Dr. Ali Demir Caddesi
No: 51 Sefaköy / İstanbul
Telefon: (0212) 624 21 11
Matbaa Sertifika No: 40421

KENDİNİ AFFET

Adem Güneş

Yayına Hazırlayan: Psikolog Selma Şahin

TİMAŞ

Adem Güneş

Adem Güneş 1969'da Ankara'da doğdu.

İlk, orta ve lise eğitimini Türkiye'de tamamladıktan sonra Rotterdam Üniversitesi Pedagoji bölümünden mezun oldu.

Yüksek Lisansını Sosyoloji bölümünde yaptı. Doktora eğitimini Sakarya Üniversitesi Rehberlik ve Psikoloji Danışmanlık Bölümü'nde 'Bağlanma Terapisi' üzerine çalıştı. Süleyman Demirel Üniversitesi'nde Aile Danışmanlığı, ABD'de "Bağlanma Terapisi" eğitimi aldı. WISC-R (WECHLER Çocuklar İçin Zekâ Ölçeği) GESEL, METROPOLİTAN, PEABODY, AGTE Testleri Uygulama, Yorumlama ve Raporlama eğitimleri aldı.

Hollanda'da ve Belçika'da Alternatif Eğitim sistemlerini (Montessori, Waldorf, Reggio Emilia, Ferber) inceledi. Montessori Eğitimi sertifikası sahibi olan Güneş, 'Eğiticilerin Eğitimi' programları düzenledi. İstanbul Bahçelievler'de 20 Devlet Okulu'nun 40 sınıfın Montessori Eğitim Sistemi'ne dönüşmesi projesini yürüttü. Türkiye Bilimsel ve Teknolojik Araştırma Kurumu (TÜBİTAK) tarafından yürütülen Çocuk Erken Tanı Uyarı Sistemi (ÇETUS) projesinde yer aldı. *TRT Çocuk* ve Türk Telekom'da proje danışmanlığı yaptı.

Güneş'in Çocuk Eğitimi yaklaşımı, İngiliz Bristol Üniversitesi'nde araştırma konusu oldu.

Çeşitli dergilerde çocuk eğitimine ait yazılar kaleme aldı, ulusal radyo kanallarında çocuk eğitimi programları yaptı.

Türkiye Çocuk Zirvesi tarafından Çocuk Dostu Ödülü, Medya Etik Konseyi tarafından Aile ve Çocuk Programları Medya Etik Ödülü ve Çanakkale 18 Mart Üniversitesi Senatosu tarafından Fahri Doktora Unvanı verildi.

Adem Güneş Uluslararası Aile Terapisi Derneği (IFTA-International Family Therapy Association), Amerikan Psikologlar Derneği (APA-American Psychological Association), Oyun Terapisi Derneği (APT-Association for Play Therapy) ve Amerikan Danışmanlar Derneği (ACA-American Counseling Association) üyesidir.

Pedagojik Danışman ve Aile Danışmanı olan Güneş halen *Baby&You*, *Mother&Baby* ve *Aktüel Yaşam* dergilerinde yazmaktadır.

Yayınlanmış 26 eseri bulunan Güneş, "Çocuğa duyarlılığın artmasının toplumsal iyi oluşa katkı sağlayacağını" vurgulamaktadır.

Adem Güneş evli ve dört çocuk babasıdır.

Yayınlanmış Eserleri:

Bırak ve Rahatla

Cezasız Eğitim

Cezasız Eğitim-2 / Edinerek Öğrenme ve Pratik Uygulamalar

Adım Adım Çocuklarda Cinsel Eğitim

Ergenlik Döneminde 100 Temel Kural

7-14 Yaş Dönemi Çocuk Eğitiminde 100 Temel Kural

0-6 Yaş Dönemi Çocuk Eğitiminde 100 Temel Kural

Çocuk Eğitiminde 100 Temel Kural

Çocuk Neyi Neden Yapar 2

Çocuk Neyi Neden Yapar

Çocuk Deyip Geçmeyin

Aile ile Bağlanma / Aidiyet

Güvenli Bağlanma

Mahremiyet Eğitimi

Doğal Ebeveynlik

Çocukluk Sırrı

Doğru Bilinen Yanlışlar

Pozitif İletişim

Annelik Sanatı

Tatil Sürecinde Çocuk Eğitimi

Rahat Bırakın Beni

Bilmezsen Korkarsın Tabi

The Wonder of Childhood

The Education of Privacy for Children

İÇİNDEKİLER

3. BÖLÜM / KENDİNİ AFFETMEK

Çocuk Adem'e sevgilerimle...

Önsöz

Birçoğumuz için 'kendini affetmek' pek de tanıdık bir kavram değildir...

Halbuki, kendi ile barışık olma sürecinin ilk adımıdır kendini affetmek...

Kendini affetmemiş bir kişi, kendini kabul edemez...

Kendini kabul etmemiş kişi, kendi ile barışık olamaz...

Kendi ile barışık olmayan kişi, kendine şefkatli davranamaz...

Kendine şefkatli davranamayan kişi, kendine saygı duyamaz...

Kendine saygı duyamayan kişi, kendine değer veremez...

Kendine değer veremeyen, başkalarına değer veremez...

KENDİNİ SEVMEYİ ÖĞRENMEK

"Neden hep yanımdasın?"

"Seni sevdiğim için."

"Sen beni sevmiyorsun, benim yanımda kendini iyi hissediyorsun."

"Sevmek iyi hissetmek değil midir?"

"Sevmek iyi hissettirmektir..."

"Peki ben neden senin yanında kendimi iyi hissediyorum?"

"Seni sevdiğim için."

"Ben de sevmeyi öğrenebilir miyim?"

"Öğrenebilirsin. Ama önce kendini sevmelisin. Kendini sevmedikçe başkasını sevemezsin."

"Ben kendimi sevmiyor muyum?"

"Sen kendini sevmiyorsun."

"Ben neden kendimi sevmiyorum?"

"Çünkü çocukken sevilmedin..."

"Annem beni hep sevdiğini söylerdi."

"Annen seninle kendini iyi hissederdi..."

"..."

"Üzüldün mü?"

"Üzüldüm, ama mutlu oldum."

"Neden?"

"İçimde hep eksikliğini hissettiğim şeyi buldum."

"Eksik olan şey nedir?"

"Başkasının beni sevmesi değil, kendimi sevmem eksik."

"Bunu duyduğuma sevindim..."

"..."

"Ne oldu?"

"Korkuyorum..."

"Neden korkuyorsun?"

"İçimde bir ses, sevilmeye değer olmadığımı söylüyor... Kendimi sevemeyeceğim diye korkuyorum. Kendimi nasıl seveceğimi bilmiyorum."

"Kendini sevebilmek için önce sevilmeye değer olduğunu fark etmelisin. Sevilmeye değer olduğunu fark etmek için de kendini affetmelisin... Kendini affetmedikçe kendini sevemezsin..."

"Kendini affetmek ne demek?"

"Suçluluk duygusunu bırakmak demek."

"Suçluluk duygusunu bırakınca kendimi nasıl hissederim?"

"Ruhsal olarak özgür hissedersin..."

"Ruhsal özgürlük nedir?"

"Duyguların ağır baskısından kurtulmaktır."

"Kendi gibi olunca ne hisseder insan?"

"Kendinin de var olduğunu hisseder..."

"Var olduğunu hissettiğinde ne hisseder?"

"Kendine saygı hisseder... kendine saygı hisseden, kendini değerli hisseder... kendini değerli hisseden, kendini sevmeye 'ihtiyaç' hisseder..."

"Peki kendimi sevmeyi öğrendiğimde başkasını da sevebilir miyim?"

"Hayır, kendini sevmeyi öğrendiğinde başkalarının duygularının da var olduğunu öğrenirsin..."

"Başkalarının duygularının var olduğunu öğrendiğimde sevmeyi öğrenebilir miyim?"

"Hayır, başkalarının duygularının var olduğunu öğrendiğinde o duygulara saygı duymayı öğrenirsin... Başkalarının duygularına saygı duymayı öğrendiğinde ona kendini iyi hissettirirsin... O kendini seninle iyi hissettiğinde onu sevdiğini de hissedersin. Sevmek biraz emek ister... biraz farkındalık..."

"Ben sevmeyi öğrenmek istiyorum."

"O halde gel, önce kendini affetmeyi öğren..."

İYİ HİSSETMEK

Çocukluk hatıralarımda kışların ayrı bir yeri var...

Kömür sobamızın çıtırtılı yanma sesi...

Suyu azalmış demliğin cızırtısı...

Penceremizin kenarına çarpan rüzgârın uğultusu...

Ninni gibi gelirdi uykuya dalarken...

Çocukken zihnim ne kadar duruydu... Tamamlayamadığım ödevlerimin haricinde üzüleceğim bir şey yoktu sanki hayatımda. Başımı yastığa koyduğumda uykuya dalar, sabahın ilk saatlerinde hafiflemiş vücudumla enerji dolu uyanırdım.

Ben küçükken Ankara'ya her yıl kar yağardı.

Beklerdim kışı...

Sürpriz yapardı kar, bazen uyandığımda sokakları bembeyaz görürdüm... Bazen de kendini saklamadan sabahın ilk saatlerinde dans ederek yere inerdi...

İşte böylesi bir kış günü idi...

Sanırım 7 yaşındaydım...

Okula gitmek üzere yeni uyanmıştım. Kar yağmış mı diye perdeyi sıyırıp baktığımda her yer bembeyazdı!

Yataktan heyecanla fırlayıp önce salona, oradan mutfağa koştuğumu hatırlıyorum. "Anne, kar, kar..." diye yerimde zıplıyor, dışarı çıkmak için can atıyordum...

Annem "Kahvaltını yap, sonra çıkarsın..." dese de heyecanımı yenememiş, annemi çok zorlamıştım...

"Peki, biraz çık ama seslenince hemen gel, olur mu?" diyerek pes etmişti kadıncağız...

Kapı önüne kadar süren üst-baş giydirilmem; montum, eldivenlerim ve kaşkol ile sarmalanmam uzun sürmemişti. Küçük, sevimli bir robot gibi kapı önüne çıkmıştım bile...

Sokak cıvıl cıvıldı...

Kimileri kardan adam yapıyor... Kimileri buzlanmış yolda delice koşan çocukları düşmesin diye peşinden koşuyor... El ele tutuşmuş kadınlar birbirini çekerek kaymaya çalışıyor, düştükçe gülüşüyorlardı...

Biraz ileride kartopu oynayan çocuklar vardı. Yanlarına koştum. Sanırım o yaşlarda biraz çekingendim. Oyuna dahil olmak için, önümden geçen her çocuğa sessizce, "Ben de oynayabilir miyim?" diye seslendim... Biri, "Hadi gel, sen de oyna" derse hemen oyuna girebilmek için elimde kartopum da hazır bekledim...

Biri beni oyuna dahil etsin diye sağa sola bakarken, sırtımda “Poffff” diye bir ses duydum...

Kartopu atmışlardı bana... Oyuna dahil olmuştum yani... “Kim attı, kim attı...” diye heyecanla gülerken bir kartopu daha... Tam kafama... Başım sarsılmıştı ama gülüyordum. Bu sefer görmüştüm kimin attığını. Kartopu atan çocuğun peşinden koştum... koştum... yetişemeyeceğimi anlayınca elimdeki kartopunu peşinden fırlattım...

Kartopu gitti, gitti... yol kenarında ayaküstü sohbet eden kadınlardan birinin kafasına çarptı!

Kadın ne olduğunu anlayamadı önce, sağa sola baktı...

Kartopuyla kovaladığım çocuk, “Bu attı teyze, bu attı...” diye beni gösterdi... Kadın bana baktı...

Ben sokağın ortasında öylece kalakalmıştım...

Kadınlardan biri, “Terbiyesiz... Annen yaşındaki kadına kartopu atmaya utanmıyor musun?” deyince, diğerleri de bana baktı...

Kafasına kartopu gelen kadın, “Sen mi attın...” diye bana doğru yürümeye başladı...

Diğerleri de yavaş yavaş üzerime doğru geliyordu... Kalbimde ‘cızzz’ diye bir sızı hissettim...

Korktum...

Birinin tesellisine ihtiyacım vardı galiba, “Korkma, bir şey olmaz...” diye yardım edilmeye...

Ama öyle olmadı...

Kadınlar yanıma geldiler...

Biri omzumdan itti: "Geri zekâlı mısın sen?!" dedi.

Hangi duyguyu yaşayacağımı bilemedim... Ağlamak geldi içimden... Ağlasam giderler diye düşündüm... Ama ağlayamadım...

İçlerinden biri, "Korktu çocuk ya, üstüne gitmeyin..." dedi.

Ötekisi, "Bunlar yüz verdikçe astarını isterler, bırak azıcık korksun..." diye karşılık verdi.

Benim yetiştiğim coğrafyada, çocuk bir yanlış yaptığında, yetişkinler ona kendini kötü hissetmesin diye yardımcı olmaz, "Korkma, bir şey olmaz, hadi git, oyununa devam et..." demez, aksine bir daha yanlış yapmasın(!) diye üstüne gider, ona kendini kötü hissettirmek için ekstra çaba harcarlardı... Bunun işe yarayacağı düşünülürdü... Çocuk, hatası karşısında 'kendini ne kadar kötü hissederse' o hatayı bir daha tekrar etmez diye inanılırdı...

Kötü hissettirerek iyi davranış beklemek...

Bu inanış bir hayli yaygındı, çocuk terbiyesinin özünü oluştururdu...

'Kendini kötü hissetmek'[1] aynı zamanda **'kutsanmış'** bir kavramdı...

---

1 Yanlış bir davranıştan sonra oluşan kötü his, suçluluk duygusudur.

İyi insan olmanın temel kriteri **'kendini kötü hissetmek**'ti...

Hatalar karşısında kişi kendini ne kadar **'kötü hissederse'**, o kadar **'iyi insan'** olduğuna inanılırdı... Bir hatanın düzeltilmesi için kişinin acı çekip vicdan azabı duyması gerektiğine inanılırdı... Kişinin, hatasını iyi hissederek düzeltmeye çalışmasına umursamazlık, duyarsızlık, saygısızlık olarak bakılırdı...

Hatta sadece hatalar sırasında değil... Hata söz konusu olmasa da; **en iyilerin kendini en kötü hissedenler olduğuna inanılırdı...** Kişi kendini ne kadar kusurlu, eksik görür, ne kadar değersiz hissederse o kadar iyi insan kabul edilirdi...

Benim yetiştiğim coğrafyada kendini iyi hissetmek sanki kötü bir şeydi...

YERİN DİBİNE GİRMEK

Ortaokul yaşlarındaydım...

Sanırım 11-12 gibi yani...

Sokaktaki arkadaşlarımla mahallemizdeki camiye cuma namazına gitmiştik...

O gün camimizin hocası oldukça öfkeli bir vaaz veriyordu...

Cami tıklım tıklım dolu idi...

Hoparlörden hocanın sesi yankılanıyor, herkes başını öne eğmiş, anlatılanları dinliyordu...

Kimsecikleri rahatsız etmeden, kenarda bir yer bulup oturmuştum...

Kulağım kürsüdeki gür seste idi...

Hoca, "İyi bir Müslüman nasıl olunur"u anlatılıyordu:

"Müslüman, bir sabah namazına kalkamadığında, utancından yerin dibine girmiyorsa... o sabahı kendine zehretmiyor, akşama kadar gülmeyi kendine haram etmiyorsa... 'namazımı kaçırmaktansa yerin dibine girseydim daha iyiydi' diye gözyaşı dökmüyorsa... imanından şüphe etmelidir..." diyordu.

Ben daha küçüktüm... bu sözlerse çok büyük...

Yerin dibine girmeyi dilemek... gülmeyi kendine haram etmek... akşama kadar o günü kendine zehretmek...

Henüz o yaştaki bir çocuk için (hatta her yaştaki insan için) ağırdı bu sözler... Ancak işitmiştim bir kere... Başka zamanlarda, başka yerlerde duyduğum, hata yaptığımda kendimi kötü hissederek o hatayı düzeltmeye teşvik eden sözler gibi... işitmiştim...

Camiden çıktığım o günü kesintisiz hatırlıyorum... Bir ağırlık çökmüştü üzerime... Oyun oynamamıştım mesela arkadaşlarımla...

Canım sıkkın mıydı bilmiyorum ama bir şeyler eksilmişti sanki içimden... Koşmak istemiyordum, gülüp oynamak gelmiyordu içimden o gün nedense...

Yıllar sonra, ancak bir pedagog olduğumda daha iyi gördüm ki, 'ben algım' henüz çocuk yaşlarda 'suçluluk duygusu' ile şekilleniyordu.

Kartopu attığım kadın, camideki hoca, okuldaki öğretmen...

Farkında olmadan, yetişkinler tarafından suçlanarak, suçlanmanın verdiği kötü hisle doğruyu bulmaya yönlendiriliyordum...

Gün geçtikçe çocuksu heyecanımı yitiriyordum...

Ağırlaşıyordum...

Ağırlaştıkça, etrafımdaki yetişkinler bu ağırlığa isim koyuyordu; **olgun olmak**...

Halbuki çocuksu duygularımı yitiriyordum... Hatalar karşısında kendimi suçlu hissettikçe sanki masumiyetimi kaybediyor, adım adım bilinçaltımda suçluluk duygusu biriktiriyordum...

TEPELERDE ÇİĞDEM TOPLARKEN

Yine o yaşlardaydım sanırım, 11-12 gibi yani...

Arkadaşlarımla bir gün çiğdem toplamaya gitmiştik.

Evimizden uzakta bir tepeydi çiğdem toplayacağımız yer.

Hiç çiğdem topladınız mı bilmiyorum ama ben çok severdim arkadaşlarımla çiğdem toplamayı...

Çiğdem bir çiçek aslında; kökünde minicik bir yer elması barındıran, tadı ay çekirdeğine benzer bir bitki...

Heves ettik o gün, ellerimize sopalarımızı aldık, uzunca bir yürüyüşten sonra bir tepenin yanına geldik... Hepimiz bir yana dağıldık... Çiğdem bulduğumuzda birbirimize sesleniyor, "Ben buldum, ben buldum!" diye heyecanla sopalarımızla çiğdemleri kökünden çıkarıyor, yanımızda getirdiğimiz küçük poşetlerimize koyuyorduk...

Ben o gün beş tane çiğdem bulmuştum... Evde ailemle yerim diye hiçbirini de toplarken yememiş, poşetime koymuştum...

Gideceğimiz sırada, çocuklardan biri yanıma geldi, kendi çiğdemlerini bana uzattı, "Bunları da torbana koy..." dedi. Ben şaşırdım. "Niye ki..." der gibi gözüne baktım. "Eve götürürsem babam bana kızar" dedi.

Çocuğun ne dediğini anlamadım... Almak istemedim ama çocuk poşetime hızlıca koydu kendi topladığı birkaç çiğdemi...

"Baban neden kızar?" diye sorarak peşinde yürüdüm. "Sahibinden izin almadan topladığımız için..." dedi.

"Ama sahibi yok ki, burası kimsenin yeri değil... Bak burada ev de yok..." dedim.

"Olsun..." der gibi omuzlarını kaldırdı... Koşarak diğer çocukların yanına gitti...

Arkadaşım topladığı çiğdemleri 'sahibinden izin almadığı için' evine götürmüyordu. Bense hem onun topladığı hem de kendi çıkardığım çiğdemleri taşıyordum poşetimde...

İyi hissetmemiştim kendimi...

Bu konuyu uzunca süre kimseyle konuşmadım...

Bir gün evimize misafir geldi; babamın arkadaşı, eşi ve benden büyük oğulları vardı...

İyi hatırlıyorum, o gün ben kenarda bir yerde ödevimi yapıyordum...

Yetişkinler çay içip sohbet ediyordu...

Birden aklıma 'sahibinden izin almadan topladığımız çiğdemler' geldi...

Defteri, kalemi bırakıp babamın yanına gittim: "Baba, sahibi olmayan tepelerde çiğdem toplamak yanlış mı?" diye sordum.

Rahmetli babam tebessüm etti. "Soralım bakalım..." diye arkadaşına döndü.

Arkadaşı, eğitimli biriydi, sözü dinlenen bir adamdı... Bana baktı, başımı okşadı... ve yaşam algımı değiştirecek şu cevabı verdi: "Bitkilerin de bir canı var yavrum... Onlar da senin gibi... Düşün ki çiçeğin de bir annesi var, babası var, kardeşleri var... Yaşıyorlar orada hiç kimseye zarar vermeden... Gidip yuvalarını dağıtmak doğru olmaz... Birisi senin anneni, babanı, kardeşlerini yok etse doğru olur mu?" dedi...

Gözlerime baktı... "Şimdi anladın mı?" dedi...

Söylemedim gerisini; ne çiğdem topladığımızı ne arkadaşımın bana söylediklerini...

Misafirimiz kötü niyetli biri değildi, bundan emindim. Bana iyi bir şey anlatmaya çalışıyordu. Kendince, belki doğayı, ağaçları, çiçekleri korumayı öğretiyordu... Ancak bitkiyi insana benzetmek, onun koparılmasını insan ölümü ile ilişkilendirmek, annesinden, kardeşlerinden ayırmış olmak gibi benzetmelerin çocuğun dünyasında ne anlama geleceğini belli ki bilmiyordu. Muhtemelen, bana bunları söyledikten sonra, kendi kendine: "Bu çocuk bunları duyduktan sonra, ağaçlara ve çiçeklere zarar vermez artık!.."

diye de düşünmüştür. Böyle düşünmüşse yanlış da düşünmemişti aslında... Çünkü ben o günden sonra ne bir dal kopardım ne de çiçek... Hatta biri bir çiçek koparacak olsa kendimi hep **kötü hissettim**: "Sana ne zararı var da koparıyorsun o çiçeği!.." diye kendi kendime söylendim durdum... Ama bu erdemli davranışa bilinçli olarak değil, bilinçaltımda oluşan kötü hissin zorlantısı ile yöneliyordum.

DÖNÜM NOKTASI

Otuzlu yaşlardaydım sanırım...

Birkaç aile ile pikniğe gitmiştik...

Çocuklar koşturuyor, anneler salata yapıyor, babalar şişe et diziyordu...

Güneşli, güzel bir gündü...

Ben de mangalın başında, ateşi yakmakla meşguldüm... Elimdeki kartonu, yeni yaktığım kömürün üzerinde ha bire sallıyordum...

Gözüm birkaç adım ileride bir çocuğa takıldı... 9-10 yaşlarında bir kız çocuğu önündeki bir ağaçtan dal kırıyordu... Önce ne yaptığını pek anlayamadım... Bir ince dal arıyor, bulduğunda çevire çevire koparıyordu...

Biraz rahatsız oldum, yazık ediyordu güzelim dallara...

Bir yandan mangalın közünü ateşlemeye çalışıyor, diğer yandan da ne yapıyor acaba diye arada bir göz ucuyla çocuğa bakıyordum... Çocuk ısrarla dal kırmaya devam ediyordu... Önce belki anne babası görür de durdurur diye bekledim ama nafile... Anne babası çocuktan habersizdi.

"Neyse!.." diyerek ilgilenmedim, ateşi harlamaya devam ettim.

Bir ara çocuğa tekrar baktım... Tuttuğu bir dalı daha koparmak için çeviriyordu... Zorladı, zorladı, çekti ve kopardı güzelim dalı... Sonra kenardaki ağaçların birinden bir de çiçek buldu, onu da kopardı...

Başımı çevirdim, babasına baktım. Babası yanındakilerle güle oynaya sohbet ediyordu, kızından haberi yoktu. Çocuğa tekrar döndüm. İnce bir dalı daha tutmuş çekiştiriyordu... Uğraştı, uğraştı, çekti, onu da kopardı... Az önce kopardığı çiçeği, kırdığı bu iki dalın üzerine sarmaya çalıştı... Sanırım başına taç yapmaya çalışıyordu...

'İç seslerim'[2] uyandı: "Ne istersin güzelim dallardan, sana ne zararı var..." diye söylendim kendi kendime...

"Çocuğa bakmayayım da huzursuz olmayayım bari..." dedim ama kendime engel olamadım, gözüm o tarafa kayıyordu...

Çocuk da ısrarla dal koparmaya devam ediyordu...

İçim kabardı, sonunda dayanamadım... Mangalı bırakıp çocuğa dal kırmanın yanlış bir şey olduğunu söylemek için adım atmıştım ki birden durakaldım...

---

2 İç sesler, bireyin geçmişte tesirinde kaldığı ve yankısı bugün hâlâ devam eden konuşmalardır.

Kendime geldim sanki...

Ne oluyordu bana...

İçim neden kabarıyordu, kendimi neden kötü hissediyordum? Evet, görünürde çocuk dal koparıyordu, peki benim kalbim neden huzursuzlanıyordu? Neden kendi kendime konuşmaya başlamıştım? Neden içimdeki gerginlikle çocuğun üstüne yürümeye başlamıştım? **Bunlar benim iradi tercihlerim miydi, yoksa içsel bir zorlama ile mi gerçekleşiyordu?**

Bir an içimi dinledim...

İçimde tanımadığım bir duygu, beni, çocuğu durdurmaya, yaptığı işi '**engellemeye**' doğru itiyordu...

Çocuğun yanına gitmeyi bıraktım... Kenara bir yere çekilip gözlerimi kapattım... İçimdeki **kötü hisse** odaklandım...

Tuhaf bir huzursuzluk hali vardı derinlerde adını bilmediğim... Sanki içimde 'suçluluk' hissettiren bir duygu... Sanki biri, karşımdaki kızın yanlış davranışını görecek, beni de; "Çocuk dalları koparıyor, görmüyor musun, neden ilgilenmiyorsun?" diye suçlayacak gibi bir hal...

Çok garipti, çocuk dalları kopardıkça, ben suçlanacakmışım gibi bir kötü hissin tesirine girmiştim... Bir şey yapmak **zorunda** bırakan, yapmadığımda laf işitip suçlanacakmışım gibi hissettiren kötü bir his...

Bu hisse aslında çok da yabancı değildim. Çocukken de biri bir şey diyecek diye içimde telaş olduğunda kalbim böyle daralırdı...

Kendi yanlışlarımın bana kendimi kötü hissettirdiğini fark etmiştim... Pedagojiyle ilgili kitaplar okudukça yıllar içinde bunu fark etmiştim... Ancak bu defa durum biraz farklı idi...

Bir başkasının yanlış davranışından dolayı kendimi kötü hissettiğimi ilk kez fark ediyordum...

Piknik alanından azıcık kenara çekilip duygularıma daha da odaklanmak istedim. Tanımak istiyordum bu kötü hissi... Beni dal kıran çocuğun yanına gitmeye zorlayan duyguyu...

Dikkatimi dağıtmamak, içimde sezinlediğim hisleri kaybetmemek için sanki nefes dahi almadan bu kötü hissi dinlemeye devam ettim. Derinlerde bir yerlerden kabarıyordu kalbim...

Kopmuştum piknik ortamından...

İçimi biraz daha dinleyince, kalbimin daralması azaldı... Sakinleşti sanki...

İçimdeki huzursuzluk biraz olsun azalınca, garip bir şekilde, dal kıran çocuğa karşı hissettiğim o kötü duygu da dağıldı... Nedenini bilmediğim bir rahatlama oldu kalbimde... Gözlerimi açtığımda artık çocuğa kızgınlığım geçmişti. Az önce dal kıran 'şımarık' çocuk gitmiş, yerine masum bir çocuk gelmiş gibi... "Çocuk işte, başına taç yapmak için çiçek topluyor, bu kadar öfkelenmeye gerek var mı?" diye hissettiren bir anlamsızlık hissettim...

Ne Oldu Bana?

Birkaç dakika içinde oluşan bu zıt duygular beni şaşırtmıştı... Az önce içim daralıyordu, şimdi içimde bir genişlik vardı... Az önce çocuğa karşı bir hoşnutsuzluk duygusu yaşıyordum, şimdi ise tebessüm edebilecek kadar masum görüyordum onu...

Hangisi gerçekti bu duygularımın...

Gözlerimi tekrar kapatıp içime; "Az önce kendimi neden kötü hissettim?" diye sordum...

Sanki içimden belli belirsiz, cılız bir ses; "Çocuk dalları kırıyordu, onun için..." dedi. Sanki söylediğine kendi de inanmıyor gibiydi...

Tekrar sordum: "Peki şu anda neden kötü hissetmiyorum? Durum aynı durum, çocuk aynı çocuk... Hiçbir şey değişmedi ancak o kötü his şu anda neden yok?"

İç seslerimden bir cevap alamadım...

Az önce yaşadıklarımı tekrar düşündüm, geriye sardığım bir filmi yeniden seyreder gibi...

Ne Olmuştu?

Ben mangal ateşini körüklüyordum... Gayet keyifli idim...

Yan tarafta bir çocuk gördüm... Dal koparıyordu...

Çocuğun dalları koparması bana kendimi 'kötü hissettirdi'...

Bu kötü his, dal koparmanın yanlışlığından kaynaklanan içsel bir tepki gibi görünse de, adını koyamadığım başka bir huzursuzluğu tetiklemişti...

Bu, sanki biri beni görüp de "Çocuk dalları koparıyor, görmüyor musun?" diye azarlayacakmış gibi hissettiren kötü bir histi... Sorumluluğumu yerine getirmiyormuşum gibi hissettiğim bir 'suçluluk duygusu' idi... **Sanki, geçmişte beni azarlayanlardan biri gelecek**, çocuğu görecek, önce ona kızacak, sonra da bana "Görmüyor musun çocuk dalları kırıyor!" diye söylenecek gibi garip bir histi...

İşte bu 'kötü his', beni çocuğu durdurmaya **zorluyordu**... Çocuğun dal kırmasını durdurabilirsem içimdeki 'azarlanma' hissinden kurtulmanın rahatlığına erişecektim...

Birçoğumuz, olumsuz bir durumla karşılaştığımızda hissettiğimiz öfkenin sebebinin, yaşadığımız olayın kendisi olduğunu zannederiz... Tıpkı benim zannettiğim gibi...

"Çocuk dal kırdığı için kızıyorum..."

"Kızım ödevini yapmadığı için sinirleniyorum..."

"Oğlum yatağına gitmediği için bağırıyorum..."

"Annem beni sinir ettiği için tepki gösteriyorum..."

"Adam bana öyle davrandığı için ben de ona söyleniyorum..."

Halbuki bu tepkilerin nedeni 'o an' yaşadığımız olayın bizzat kendisi değil, yaşadığımız olayın içimizde uyandırdığı bir başka huzursuzluk duygusudur. Öfkemizin sebebi ise o an bize kendimizi kötü hissettiren kişiyi düzeltmek değil, içimizde huzursuzluk duygusu uyandıran 'dürtü kaynağını yok etme çabası'dır... Dürtü kaynağı (genellikle karşımızdaki bireyin davranışıdır) yok edilirse; durdurulur, korkutulur, sindirilirse, derinlerde uyanan huzursuzluk hissinin de duracağı yanılgısıdır... Halbuki dürtünün kaynağını (karşımızdaki bireyin davranışını) yok etmeye çalışmak, bilinçaltımızda yıllarca gelişmiş olan hassasiyetlerimizi yok etmez... Yaşamımız boyunca binlerce dürtü ile karşılaşacağız ve her bir dürtü bizi huzursuz ettikçe o dürtülere karşı savaş açmak zorunda kalacağız; onları susturmak, durdurmak, engellemek gibi sonu olmayan bir mücadelenin içine gireceğiz... Bu çılgınca bir yanlışlıktır. Doğru olan; bizim dışımızdaki yanlışlar karşısında kendimizi kötü hissederek savaşmayı değil, **iyilik halimizi koruyarak** o yanlışı düzeltmeyi ve bunu hem kendimizle hem de karşımızdaki ile barışık olarak yapmayı öğrenmemizdi...

İşte, piknik alanında yaşadığım bu incecik ayrıntı, benim bütün yaşamımda kazandığım en önemli farkındalığın başlangıcını oluşturmuştu...

KÖTÜ HİSSETMEK

Piknik alanındaki farkındalıktan sonra kendimi daha iyi gözlemlemeye başladım. "Yolunda gitmeyen bir şeyler olduğunda kendimi kötü hissediyordum..." Bu basit cümle benim için devrim niteliğinde bir farkındalıktı.

Birçoğumuz, "Tabii ki yolunda gitmeyen şeyler olduğunda insan kendini kötü hisseder... Bu çok normal..." diyebilir.

Halbuki, yolunda gitmeyen işlerin çözümünde, kötü hissetmenin herhangi bir rolü yoktur... Birey, yolunda gitmeyen işleri ancak kendini **iyi hissetmenin** verdiği güçle düzeltebilir...

Birçok kişi, çocuklukta yanlış davranışlardan aşağılanarak, azarlanarak, **suçlanarak** ve değersiz hissettirilerek uzaklaştırıldığı için; yetişkinlikte, bir yanlış davranışla karşılaştığında o davranışın yanlışlığının **farkındalığı** ile değil, çocuklukta yaşadığı kötü hissin yeniden uyanıp içini huzursuz etmesiyle yanlıştan kaçındığının farkında değildir. Böylesi bireyler, içlerinde uyanacak huzursuzluktan kaçınmak için sürekli yanlışlardan uzak durduklarından kendilerini erdemli olarak kabul ederler. **Halbuki erdemlilik bireyin bilinçli tercihlerinin sonucunda oluşan davranışlardır.** Bireyin, çocuklukta yaşadığı huzursuzlukların bir dürtü ile yetişkinlikte tekrar uyanması ve onu yapacağı davranıştan alıkoyması **erdemlilik** değildir.

İsterseniz piknik alanında yaşadığım bu olayı biraz daha detaylandıralım. O gün piknik alanında kenarda bir yerde bilinçaltımı gözlemlediğimde fark ettim ki bilinçaltım, yeşilin korunmasına dair bir erdemlilik hassasiyeti içinde değildi. O, kendi derdindeydi; içimdeki huzursuzluğu uyandıran çocuğun davranışını durdurmaya çalışıyordu.

Piknik alanında kenarda bir yerde bilinçaltımda gözlemlediğim bu ayrıntıyı kaybetmek istemediğim için içime titizce tekrar döndüm. Sanki bilinçaltımla göz göze gelmiş gibiydim... Öğrenmek istiyordum; gerçekten anlamak isteyen bir ruh hali ile bilinçaltıma sordum...

"Bir yanlışın düzeltilmesi için kendimi kötü hissetmem şart mı?"

İçimdeki sesler susmuştu... Sessizlik vardı derinlerde... Cevap gelmedi... Bekledim, bekledim... Cevap yoktu...

Tekrar sordum:

"İyilik halimi koruyarak o çocuğun yanlışını düzeltmem daha doğru olmaz mıydı?"

İçimde tanımadığım bir sessizlik vardı... Sanki beni anlamaya çalışan bir çift gözle birbirimize bakıyorduk... Bekledim, bekledim... İç seslerim neden sonra trajik cevabı verdi:

"İyi hissederek yanlış bir davranışın düzeltilmesi... Bunun nasıl yapılacağını ben bilmiyorum."

Bu cevap benim bütün çocukluk yıllarımın özetiydi aslında. Ben, yanlışları kötü hissettirilerek düzeltilmiş bir çocuktum. Bir eksiğim, hatam, yanlışım olduğunda, içime kötü bir his yayıldığında, biri saçlarımı okşayıp, 'Kendini kötü hissetme' dememişti bana. Bundan dolayı bir yanlışı gördüğümde içime kötü bir his yayılıyor ve o kötü hissin huzursuzluğu ile yanlışı düzeltmeye girişiyordum. Bu his bazen beni saldırganlaştırıyor... Bazen karşımdakini kötü hissettirmek üzere acımasız sözler söylemeye itiyordu...

Benim için **yanlış** demek, **kötü hissetmek** demekti... Zorda kalınan olaylar karşısında mütebessim bir simanın varlığı, yanlışların tebessüm edilerek düzeltilmesi, iyilik hali korunarak yanlışın bırakılması ne demekti bilmiyordum...

Örneğin, başına kartopu attığım kadın: "Üzülme, bak, bir şey olmadı, her şey yolunda, hadi kendini iyi hisset..." dememişti... Aksine, yanıma yaklaşıp omuzumdan iterek, kendimi daha kötü hissetmem için elinden geleni yapmıştı. "Terbiyesiz!.." demişti. "Annen yaşındaki kadına kartopu atmaya utanmıyor musun?" diyerek suçlamıştı beni...

Ya da ne bileyim, ödevimi yapmadığımda öğretmenim, "Kendini kötü hissetme... Hadi toparla kendini, iyi hisset, her şey yolunda..." diyerek bir yanlışın düzeltilmesini, iyi hissetmenin gücü ile kazandırmak yerine; "Utanmıyorsun değil mi ödevini yapmamaya... Sorumsuz..." diyerek, kendimi kötü hissettirerek yanlıştan sakınmayı öğretmişti.

Bu, ne sadece sokaktaki kadının 'terbiyesiz seni' sözü ile, ne evimize gelen misafirin 'çiçeklerin ölümünü insan ölümü' ile özdeşleştirmesiyle, ne de okuldaki öğretmenin 'utanmıyorsun değil mi' cümlesi ile sınırlı idi... İnanç anlatılırken 'yerin dibine batmaktan', ahlak anlatılırken 'rezil olmaktan' bahseden genele yayılmış bir **kötü his öğretisi** idi. Şimdi bir yetişkin olarak yanlış bir davranış gördüğümde içimde birden bu kötü hisler uyanıyordu... Kötü hisleri durdurmak için, içimde, yanlış davranışa karşı bir saldırganlık gelişiyor, yanlışı kendimi kötü hissederek düzeltmeye yöneliyordum...

Piknik alanında yaşadığım bu farkındalığa kadar bilinçaltımın böyle işlediğini gerçekten bilmiyordum... Hatta; "Yanlış davranış sırasında tabii ki insan kendini kötü hisseder..." diyebilecek kadar da normalleştirmiştim 'kötü hissetmelerimi'...

"Ben kendimi kötü hissetmeliyim ki hata yapmayayım..." diyordum kendi kendime... "Kendimi kötü hissetmeliyim ki, karşımdaki kişi de yaptığı hatayı anlasın..." sıradanlığına kadar gelmişti yaşadığım hisleri normalleştirme çabam...

O gün piknik alanında yaşadığım farkındalıktan sonra önümde iki yol vardı; ya geçmişin bilinçsiz bir kurbanı olarak yaşamaya ve çocukluğun görünmeyen ama çok acımasız hapishanesinde sonsuza kadar kötü hislerimle kalmaya devam edecektim... Ya da çocukluktan bu yana bilinçaltıma yerleşmiş kötü hisleri bırakıp iyilik halimi koruyarak yanlış davranışlarımı düzeltmeyi öğrenecektim.

O gün, o piknikte içimdeki kötü hisleri bırakıp bana ruhsal özgürlüğümün kapısını aralayacak olan iyilik halimi yeniden kazanmayı tercih ettim...

Seçtiğim yolun zor olduğunu biliyordum. Ancak bu zorluk bana ruhsal özgürlüğün kapılarını aralayacağı ve oradan 'kendim olmak' gibi bir gerçekliğe eriştireceği için; bu zorlukla bütün bir ömrüm boyunca mücadele etsem ve sadece ömrümün son günü ruhsal özgürlüğümü elde etsem bile değerdi...

KENDİNİ AFFETMEK

Piknik alanında dal kıran çocuğun içimde uyandırdığı **suçlanacakmışım gibi hissetme halim** beni bir gerçekle karşılaştırdı. Ben, **suçlanmaya karşı** hassasiyet taşıyordum. İçimdeki **kötü hislerden** kurtulmak için **suçluluk hassasiyetimi bırakmam gerekiyordu...** İşte bireyin geçmişte, bilinçaltına yerleşmiş olan suçluluk duygusu hassasiyetini bırakmasına **'kendini affetmek'** denir. Kendini affetmek, bireyin davranışlarını bilinçaltı seviyesinden kurtarıp bilinç seviyesine çıkarmak için atacağı ilk adımdır.

Birçoğumuz için 'kendini affetmek' çok tanıdık bir kavram değildir...

Kulağımız genellikle birini 'affetmeye', biri tarafından 'affedilmeye' ya da Yaratıcıdan 'af dilemeye' yatkındır...

Halbuki affetmek, affedilmekle başlar...

Affedilmenin ilk adımı, kendini affetmektir...

Kendini suçlamayı bırakmaktır...

Suçsuzluğun huzurunu hissetmektir...

Ancak bu huzuru hisseden kişi, başkasını affedebilir...

Affedebilmek için affedilmişlik duygusunun huzurunu bilmek gerekir.

Bundandır ki, kendini affetmemiş birey başkasını affedemez... başkası tarafından affedilmeye ihtiyaç hissetmez...

AFFETMEK NE DEMEKTİR?

Kendini affetmeye geçmeden önce '**affetmek**' üzerinde biraz duralım.

Affetmek; bireyin, kendini incitmiş bir kişiye karşı, bilinçaltında beklettiği öfke, kin ve nefret duygularını **bırakmasıdır**. Af, bırakmaktır. Affetme sırasında bırakılacak olan şey, incinmişlik duygusudur.

Birçoğumuz affetmeyi affedilecek kişinin kendisi ile ilişkilendiririz. Halbuki affetmek; inciten kişi ile değil, incinmiş duygu ile ilgilidir. İncinmiş duygularımızı incinmenin tesirinden arındırmaktır affetmek.

Affetmek iki aşamalıdır.

Birinci aşama; bireyin incinmişlik duygusunu bırakmasıdır. Bu aşama, bireyin kendi duygularının üzerinde gerçekleştirdiği bir onarımdır. Bireyin geçmişte, zarara uğradığı sırada incinen duygusunu ve incinme ile birlikte oluşan **öfke** ve **kaygı** duygusunu **bırakmasıdır**. İncinmişliği bırakmak, kişinin kendi ruh sağlığı için gereklidir. Bilinçaltında beklettiği bir duygunun yükünden kurtulup iyileşebilmesi için gereklidir. Affetmek, birinci derecede affeden kişinin yararına bir durumdur, affedilen kişinin değil.

Affetmenin birinci aşaması tamamlandıktan sonra ikinci aşamada kişi, arzu ederse, kendisini inciten bireyi de affedebilir. Buna **bağışlamak** denir.

Bağışlamak, affedilen kişi ile yeniden yakınlaşmak; yeniden bağ kurmak demektir. Her affedilen kişinin bağışlanması, onunla yeniden eski yakınlığın kurulması mutlak gereklilik değildir. Affedildiği halde bağışlanmamış kişiler olabilir. Bunun yanı sıra bağışlamamak, hiç konuşmamak, küsmek anlamına gelmez. Küsmek ağır bir duygudur. Küsmek ile her ne kadar küsülen kişi cezalandırılmış olsa da, gerçekte küsmek, küsen kişinin duygularına zarar verir. Bağışlamamak, eski yakınlıkta olmamak demektir. İncinmeyecek kadar yakın olmak anlamına gelir. Bağışlamak ise ancak, inciten kişinin kendini onarması, incittiğini fark etmesi, af dilmesi veya yeniden zarar vermeyeceğine güvenilmesi ile mümkündür. Bu şartlar gerçekleşmediği halde, bağışlanmayacak biriyle yeniden yakın olmak, bağ kurmak, hayal kırıklığına ve duyguların daha çok zarara uğramasına neden olur. Bu nedenle, bazı kişiler affedildiği halde bağışlanmamış olarak kalabilir.

Örneğin, arkadaşı ile tartışan, onun haksız cümleleri ile incinen kişi, bir süre kendine gelemez, sarsılır, kendi kendine söylenir. Arkadaşı ile hayalen konuşur. Kendi gözünde arkadaşının değerini düşürerek incinmişliğin tesirini azaltmaya çalışır. Bireyin bu çırpınışları bir süre devam ettikten sonra, incinmişlik bilinçaltına itilir. Birey geçici olarak rahatlar. Bu rahatlama hali, çoğu defa kişiyi yanıltır. Yaşadığı olayı geride bıraktığını, artık o olayı unuttuğunu, etkisinin kalmadığını düşünür. Bu düşünce kısmen doğrudur, yaşanan incinmişlik sürekli bireyin duygularının üzerinde tesirini sürdürmez, bir süre sonra bilinçaltına itilir, incinmişliğin yoğunluğu böylece hafifler. Kişi duygularında yaşadığı bu rahatlamanın etkisi ile, kendisini inciten arkadaşı ile 'aynı yakınlık' düzeyinde ilişkisine devam edecek olursa, yaşayacağı bir sonraki incinmişliğin tesiri daha büyük olur. Böylesi bir durumda birey, önce arkadaşının incittiği duyguyu bırakmalı, daha sonra arkadaşını bağışlayıp bağışlamayacağına karar vermelidir. Eğer arkadaşı aynı düzeyde incitme potansiyelini devam ettiriyorsa, onunla eski düzeyde yakınlığı devam ettirmek, yeni incinmelere karşı bireyi savunmasız hale getirir. İşte böylesi bir durumda, birey, incinmişliğin tesirinden kurtulmak için kendini inciten kişiyi affetmeli, içindeki incinmişliği bırakmalı fakat incitme potansiyeli hâlâ devam eden kişiyi bağışlamayı **bekletmelidir**. Eski düzeyde yakınlığa devam etmek için acele etmemelidir. Yakınlığını bundan sonra incinmeyeceği düzeye getirmeli, beklentilerini de bu yeni yakınlık düzeyine uygun olarak azaltmalıdır.

Tekrar edersek, bir insanın affedilmesi iki aşamada gerçekleştirilir. Birinci aşama; incinen bireyin bilinçaltının derinlerinde yatan incinmişliği fark edip o incinmişlik duygusunu **bırakmasıdır**.

Bu bırakma aynı zamanda incinmişlik sırasında oluşan öfke, kin ve nefret duygularının bırakılmasını içerir. Bu duyguların bırakılması, affedilen kişiye değil, affeden kişiye bir özgürlük alanı açar.

Affetmenin ikinci aşaması, bağışlamaktır.

Bağışlamak; affedilen kişi ile yeniden bağ kurmak demektir. Her affetme, bağışlanmakla sonuçlanmayabilir. Kişi incinmişlik duygusunu kendi içinde onardığı halde, inciten kişi ile yeniden bağ kurmak istemeyebilir. Bu, incinen kişinin seçeneğidir. Affetmek bir gerekliliktir, ancak bağışlamak bireyin tercihidir.

Affetmek ile ilgili buraya kadar anlatılanlara genel olarak bakıldığında en önemli noktanın 'bırakmak' olduğu görülecektir; incinmişlik duygusunun bırakılması, öfkenin ve kaygının bırakılması...

AFFETMEK BIRAKMAKTIR

Kartopu attığım kadın öfke ile üzerime yürürken kendimi kötü hissetmiştim... O an bilinçaltıma hangi duygular yerleşiyordu farkında değildim... Bildiğim tek şey vardı; kadın kızgındı, beni aşağılıyor, suçluyordu... Yaşadığım suçluluk duygusu o gün beni çok etkilemişti...

Yıllar sonra keyifli bir aile ortamında, nereden geldi ise aklıma, çocukken yaşadığım bu olay gelmişti; anlattım, hep beraber gülüştük. Annem; "Hâlâ unutmadın mı onu... bırak oğlum, içinde tutma; kalbin yorulur..." dedi. Anneme tebessüm edip, "Anneciğim unuttum gitti zaten, aklımda da yoktu, nasıl olduysa şu an geldi, öylesine anlattım..." demiştim. O gün, incinmişliğin neye sebep olduğunu bilmiyordum, o yüzden "unuttum gitti" zannediyordum. Halbuki bilinçaltım bilinç düzeyinde fark edemeyeceğim bir derinlikte o incinmişliği tutuyordu.

Sanırım yirmili yaşlardaydım. Bir gün, yol üstünde annemle o kadın ayaküstü konuşurken oradan geçiyordum. Annem beni görünce seslenip yanına çağırmıştı. Bense annemin yanına gitmek yerine;

"Eve gidiyorum, geldiğinde görüşürüz..." diye uzaktan seslenmiştim... O kadının yakınında olmak istemiyordum... İşte bu isteksizlik, bilinçaltımdaki incinmişliğin 'öfkesi' idi... Ben, o yaşıma kadar ne içimdeki incinmişlik duygusunu bırakmıştım, ne de o kadını bağışlamıştım. Korktuğu bir filmi gülerek anlatan bir çocuk gibi, içimdeki o anın öfkesini görmezden gelerek bastırıyordum... Gerçi henüz incinmişlik duygusunu nasıl bırakacağımı bilmiyordum ama sanki yıllardır içimde hissettiğim incinmişlikleri bıraktığımda özgürleşeğimi biliyordum... Sınırın ötesine geçecektim, kalbimde bir perde kalkacaktı; ama bu nasıl olacaktı bilmiyordum...

- 1. BÖLÜM -

affetmek

AFFETMEK

Affetmenin ne olduğunu, bireye nasıl bir ruhsal özgürlük kazandırdığını bilmediğim yıllarda da kendimce insanları affediyordum; bu affetmelerden kimisi inançla motive olduğum affetmelerdi. Haksızlığa uğradığım durumları ya Allah'a havale ediyor ya da "Öte tarafta hesaplaşırız..." diyordum. Halbuki bunlar affetme değil, kin biriktirmeydi; affetmediğim kişiyi cezalandırması için Allah'a yönlendirmekti. Bu tutum, içimdeki incinmişliği yok etmediği gibi, aynı zamanda bana kendimi sanki incinmişliğimi bırakmışım gibi davranmak zorunda hissettiren bir iki yüzlülüktü. Bilinçaltım, "Bana yaptığın haksızlıkların cezasını bir gün ödeyeceksin" diyerek içimdeki incinmişliği tutarken, bilinç düzeyim "Önemli değil, geçmişte kaldı..." diyerek duygularımdaki gerçekliği saklıyordu.

Halbuki affetmek, ne incinmişliği ölünceye kadar bekletmek, ne de inciten kişiyi cezalandırması için bir başkasına havale etmekti. Affetmek, bırakmaktı; hayatta iken, yaşarken incitildiğinde; incinmiş duyguyu, incinmişliği bırakıp yaşama huzur içinde devam edebilmekti.

Affetmek, her ne kadar çok sıradan bir davranışmış gibi zannedilse de, gerçekte kişilik değişimini oluşturan duygusal bir dönüşümdür.

Affetmek incinmiş duyguyu bırakmak olduğu ve incinmişliğin acısı kişiye güç verdiği için, birçok kişi, bu gücü kaybetmek istemediğinden affetmeyi de istemez. İçindeki incinmişlik duygusunu bırakan kişi, sanki kendisini inciten kişiyi cezalandırmayı da bırakacağını hissettiği için, kendini haksızlığa uğramış gibi hisseder. Halbuki asıl haksızlık, incinmenin acısı ile yaşamaktır. Kişi geçmişte yaşadığı bir incinmişliğin acısını bırakmayarak bugün kendini cezalandırmaya devam etmektedir. Kitabın ilerleyen bölümlerinde de görüleceği üzere, kişinin incimişliğini bırakarak özgürleşmeyi tercih etmesi aynı zamanda kendisini cezalandırmayı da bırakmak olduğu için; kendini affetmiş olur. **Kendini affetmek, aynı zamanda bireyin kendini cezalandırmayı bırakmasıdır. Birey ötekini affederken aynı zamanda kendi içinde taşıdığı huzursuzluğu bırakarak kendine acı çektirmeye de son verir.**

Şimdi affetmeyi kolaylaştıran üç durumdan bahsedeceğiz.

1.
İNCİNMİŞLİĞİ HİSSETMEK AFFEDİLMEYİ KOLAYLAŞTIRIR

Otuzlu yaşlarının sonunda bir kadın danışanım, evliliklerinin onuncu yılında artık eşiyle birlikte yaşamakta zorlandığını ve ayrılmak istediğini söylemişti. Adam bu durumu şaşkınlıkla karşılamıştı. Ona göre eşi kendisini çok seviyor ve geçici bir depresyon yaşıyordu. Bu durumu şu kelimelerle ifade etmişti:

"Evet, zaman zaman eşimle çatışıyoruz ancak eşim bensiz yapamaz. Beni çok sevdiğinden de eminim. Nefes almama kadar her şeyimle ilgilenir. Hasta olsam bitkisel karışımlardan ilaç yapar. Sevdiğim yemekleri çok iyi bilir. Geçmişte de zaman zaman öfkeli anları oldu ancak hiçbir zaman böyle ayrılmaktan bahsetmemişti. Anlam veremiyorum... Çok şaşırdım..."

Kadın ise artık eşinin etrafında pervane olmayacağını, bunu çok anlamlı bulmadığını, eşinin kendisine aynı değeri vermediğini, bu değersizlik hissi ile daha fazla yaşamak istemediğini söylüyordu.

Beyefendi şaşkındı: "Ben sana nasıl değer vermiyormuşum? Ne diyorsun sen, gerçekten anlamıyorum... Neyi eksik bıraktım, hangi ihtiyacını gidermedim söyler misin?"

Hanımefendi, "Ben hayatımı hep senin ekseninde yaşadım... Kendi duygularımı yok saydım... Senin sevdiğin yemek, senin sevdiğin film, senin sevdiğin eşyalar... Ben hep uyum sağlayan taraftım... **Duygularımı yok saydım**..." dedi.

Kadın **öfkeliydi**. Bu, incinmişliğin öfkesiydi. Bu öfkenin bir sebebi olmalıydı... Kendisine, "Yok saydığınız duygularınızdan bir örnek verir misiniz?" diye sordum.

Durdu, önce söyleyip söylememekte tereddüt etti, sonra devam etti:

"Mesela daha evlendiğimiz ilk gün, balayında, akşam yemeği yerken eşimin yemeği getiren garson için söylediği söz içimden hâlâ çıkmadı... Garson yemeği masaya koyduktan sonra eşim döndü, sırıtarak bana baktı, 'Çok tatlı bir kız, değil mi?' dedi... Şok geçirdim, anlam veremedim... Ne diyeceğimi de bilemedim... Eşim için benim duygularım yoktu... İncinebileceğime dair hiçbir farkındalığı yoktu... Hiç de olmadı... Tüm bu davranışlarını problem çıkmasın diye normal saya saya on yıl geçirdim... Ben hep incinmiş duygularımla kaldım... O gün, eşime ne cevap verdim biliyor musunuz? Safça, 'Evet, güzel kızmış' dedim... Ne eşim aşağılandığımı hissetti ne de ben nasıl davranacağımı biliyordum... Daha ilk günden benden duygusal olarak bu kadar uzaktı..."

Kocası eşinin sözünü kesip, “Hocam, bu kadar da kıskançlık olmaz. On yıldır hep aynı şeyi konuşuyoruz... Ben o gün o sözü söylediğimi bile hatırlamıyorum, eşimin on yıldır hep aynı şeyleri tekrar etmesi beni gerçekten çok rahatsız ediyor...” dedi.

Beyefendiye göre, eşi sürekli aynı konulardan bahsederek kendisiyle kavga etmek için yer arıyordu. Sürekli aynı şeylerin konu edilmesinin kendisine haksızlık olduğunu düşünüyordu.

Halbuki gerçekte olan şu idi: Hanımefendi daha evliliğinin ilk gününde yaşadığı bu incinmeyi affetmemişti... Ve adamın, “Sürekli aynı konulardan bahsediyor” dediği diğer incinmeleri de affetmemişti, bunları içinde öfke ile tuttuğu belliydi...

İşte ilişkilerde tekrar tekrar konuşulan, “Düğünde böyle yapmıştın”, “Evliliğimizin falanca yılında şunu söylemiştin”, “Ben bunu hiç hak etmemiştim” gibi sözler incitilmiş kişinin affetmemişliğinin işaretleridir. Affedilmemiş incinmişlik, bilinçaltının derinlerinde varlığını sürdürür ve zaman zaman tepkisel davranışlarla ortaya çıkar. Bu tepkisellik, incinmişliğin öfkesidir.

İncinmişliğin öfkesi, bunu taşıyan kişi için duygusal yük, inciten kişi için ise şefkatsizlik barındırır...

Bir kişi, geçmişte yaşadığı bir incinmeden bahsediyor ve sorumlusu olarak da sizi gösteriyorsa bunu hafife almayın... sıradanlaştırmaya çalışmayın... yokmuş gibi davranmayın... incinmişliğini dile getiren kişiye abartıyor diye bakmayın...

Bu tutumlar incinen kişinin size karşı öfkesini süreğen hale getireceği gibi, duygusal yakınlaşmanızın önündeki direncin de kaynağı olur...

İncindiğini ifade eden kişinin incinmiş duygularını bırakmasına yardımcı olun... Bir başka deyişle, size yönelik şefkatsizliğin azalması için, incittiğiniz kişinin sizi affetmesini kolaylaştırın... Affedilmek, size yönelik öfkenin bırakılmasını sağlayacağı gibi, affeden kişinin kendini iyi hissetmesine de yardım eder...

Kaliteli ilişkiler, ancak incinmişlikleri ile yüzleşip birbirlerini affetmiş bireyler arasında gelişir... İncinmeleriyle yüzleşmemiş ve birbirini affedememiş bireylerin arasındaki ilişkiler güvenli değildir...

Beyefendi önceleri, eşi geçmişte yaşadığı olayları anlatırken bunları hafife alıyor, dalga geçiyor, gülüyor, yılışıyor, eşine sarılmaya ve 'ortamı normalleştirmeye' çalışıyordu. Oysa bu tutum, ne kendisine karşı **şefkat** oluşturuyor, ne de eşinin ona duyduğu **öfkenin** çözümlenmesinde rol oynuyordu... Ancak durum artık daha da farklıydı... Bu ve benzeri olaylarla kadın, eşine duyduğu **öfkeyi** çoğaltmış, duygusal yakınlığını kaybetmişti...'

Beyefendi seanslar sırasında eşini yalın bir gözle görmeye başladı... Onun anlattığı incinmişliklerle yüzleşti... Ancak kendini nasıl affettireceğini bilmiyordu... Eşinin öfkesini gördükçe, "Tamam hayatım, özür dilerim... Şu anki aklım olsa yapmazdım..." gibi sözler söylüyordu. Bunlar değerli sözlerdi... Ancak affedilmeyi sağlayacak sözler değildi...

Beyefendi çaresizlik içindeydi... Çocukları vardı... Ayrılmak istemiyordu... Baş başa yaptığımız görüşmelerde eşine kendisini affettirebilmek için 'çok özür dilediğini' ancak eşinin bu özürleri kabul etmediğini... Onu ayrılık düşüncesinden vazgeçirmek için tüm yanlışlarını kabul edip bir daha kendisini incitmeyeceğine dair sözler verdiğini, ancak eşinin bu sözlere güvenmediğini... Özür dilemek için pahalı bir yüzük bile aldığını, fakat eşinin onu parmağına dahi takmadığını söylemişti...

Affedilmek için yapılması gereken şey yalvarıp yakarmak, pahalı hediyeler almak, yeminler edip ağlayıp sızlamak değildir... Bunlar olsa olsa bir acıma hissi oluşturur... Bu acıma duygusu öfkeyi belki bastırır ancak affedilmeyi sağlamaz... Acıma hissi geçtiğinde öfke yeniden ortaya çıkar...

Bireyin kendini affettirebilmesi için ön şart; **incinmişliğin anlaşılmasıdır**.

Anlaşılma isteği, sıradan bir istek değildir. İncinmişliğin anlaşılması, bireye kendini güvende hissettirir... Yeniden incineceğine dair kaygısı azalır... Anlaşılmadığını hisseden kişi kendini güvende hissetmez, nasıl üzüldüğünü, nasıl incindiğini aktaramadığı kadar da öfkelidir...

Bu beyefendi affedilmeye ne kadar ihtiyacı olduğunu seanslar sırasında fark etti. Eşini çok defa incitmişti... Seviliyor olmanın verdiği duyarsızlıkla eşini hissetmiyor, incinmişliklerini anlamaya gayret etmiyordu... Şimdi yolun sonuna gelmişti...

Geçmişte eşinin incinmişliğini anlamaya çalışarak kendisini affetmesine yardımcı olmak yerine, ortamı düzeltmeye çalışarak, ona kendisinin anlaşılmadığı hissini vermişti. Bunu yeni yeni fark ediyordu...

Bu farkındalığı kazandıkça, eşine yaptığı haksızlıkları da görmeye başladı...

Artık affedilmeye gerçekten ihtiyaç duyuyordu... Bunu evliliğinin devamı için değil, incinmişliğin ne demek olduğunu anladığı için istiyordu...

Birkaç seanslık özel görüşmeden sonra artık kendini affettirmek için büyük yalvarışlara, hediyelerle o anı unutturmaya çalışmaya gerek olmadığını görmüştü... Hatta bunların ne kadar itici olduğunu da anlıyordu...

Katıldıkları son seansta adam mahcuptu... Önceki görüşmelerde olduğu gibi sürekli kendini savunmak yerine, susmayı tercih etmişti.

Bir sessizlik olduktan sonra eşine döndü, "Ben o gün garson kız için 'Çok tatlı kız' dediğimde seni incittim, değil mi?" dedi.

Bu, sıradan bir söz değildi...

Hanımefendi eşinin gözüne baktı... Kocasını anlamaya çalışıyordu...

Kadının bu dikkatli bakışı, bilinçaltındaki incinmiş duygularının uyanmasından kaynaklanıyordu. Bilinçaltı, eşinin balayında kendisine yaşattığı o 'kötü hissi' hissedip hissetmediğini sezinlemek istiyordu. Eğer eşi kendisinin incinmişliğini hisseden cümleler kurarsa kadın rahatlayacaktı...

Sessizce eşini dinlemeye koyuldu.

Eşinin kendisine bakışına karşı adam da gözlerini hiç kaçırmadan karısının gözlerine bakıyordu... Biraz bekledi, utandı, dudakları titredi, gözleri doldu... ve "Beni affedebilir misin bilmiyorum... Ama ben affedilmeye çok ihtiyaç hissediyorum..." dedi.

Birbirlerine konsantre olmuş gibiydiler... Aynı duyguyu yaşıyorlardı... Kadın sanki adamın hangi duyguyu yaşadığını anlamak için, "Seni neden affedeceğim?" diye sordu...

"Affedilmeye ihtiyacım olduğu halde, yıllarca affedilmem gerektiğini hissetmediğim için beni affet..." dedi adam.

Kadın daha bir garip baktı... Eşini şimdiye kadar hiç bu duyarlılıkta görmemişti... Adam devam etti... "Buraya gelmeden önce sabaha kadar düşündüm... Empati kurmaya çalıştım... Seni anlamaya... Acaba balayına gittiğimiz otelde sen bir garsona, 'Çok tatlı bir adammış' deseydin ne hissederdim... Büyük bir hayal kırıklığı yaşardım... Hem de daha evlendiğimizin ilk günü bunu yapabilmiş olman beni şoke ederdi..."

Adam çok samimiydi. Yıllarca kadının söylemeye çalıştığı şeyleri şimdi kendisi hissediyor, eşinin duygularını kendi duyguları gibi yaşıyordu.

Hanımefendi, eşinin bu sözlerini duyduğunda sanki bir direnci kırılmış gibi, omuzlarını indirdi.

Adam yere eğdiği başını tekrar kaldırdı, eşinin gözlerine baktı, "Bilmiyorum beni affedebilecek misin? Ben olsaydım affedemeyebilirdim..." dedi.

Hanımefendinin eşinden bu sözleri, bu derinlikte ilk defa duyduğu belliydi... Hafifçe tebessüm etti... Bu tebessüm, affetmenin ilk işareti idi, anlaşılmanın verdiği güven ona kendini iyi hissettirmişti... Muhtemel ki eşi bu anlayış içerisinde kendisiyle yakınlık kurmaya devam ederse affedilecekti...

Danışmanlık almaya geldiklerinde adamın farkındalık seviyesi oldukça düşüktü. Ne eşini yıllarca incittiğinden haberi vardı, ne de affedilmeye ihtiyacı olduğundan.

Balayında yaşadıkları bu tatsız olayı hatırlamadığını söylüyor, eşi hatırlatmaya çalıştıkça öfkeleniyor, "Yeter artık" diye tepki gösteriyordu. Bu tepkinin nedeni o gün yaşananları hatırlamak istememesiydi. Hatırladığında kendini suçlu hissedecekti. Beyefendinin öfkesi, suçlanmaya karşı bir dirençti... Kadın o günün bahsini açtıkça kalbi acıyordu... Kalbinin acımasını bastırmak için eşinin sesini bastırmaya, hediyeler alıp o günden bahsettirmemeye çalışıyordu... Amacı affedilmek değil, eşinin o günden bahsetmesinin önüne geçmekti. Eşinin acısını hissetmenin değil, kendi acıyan kalbinin acısını durdurmanın peşindeydi... Onun için yalvarıyor, hediyeler alıyor, bağırıp çağırıyordu... Tıpkı benim piknik alanında içimde hissettiğim duyguyu durdurmak için çocuğu durdurmaya çalıştığım gibi...

Geçmişte davranışları suçlanarak düzeltilmiş kişiler, suçlanmaya karşı hassastır. Suçlanacaklarını hissettiklerinde öfkelenirler. Bu, 'suçluluk psikolojisi' diyerek geçiştirilecek bir durum değil, suçlulukla hassaslaştırılmış kalbin yeni suçlanmalara karşı yaşadığı acının reddidir. Saldırganlıkları, bu acıyı duymamak için acıyı uyandıran kişiyi durdurma çabasıdır.

Beyefendiyle daha sonra uzun konuşmalarımız oldu. Çocukken nasıl eğitildiğine dair gözlem yapma fırsatı bulduk. Onun davranışları da kötü hissettirilerek düzeltilmişti. Kendini ne kadar kötü hissederse yanlış davranıştan o kadar uzak durur düşüncesine sahip yetişkinlerin yanında büyümüştü. Bilinçaltı artık kötü hissetmeye karşı hassaslaşmıştı. Acı duyuyor ve kendini suçlu hissettirecek ne varsa tepki veriyordu.

Eşi onu affetmişti belki ama bir affedilmeye daha ihtiyacı vardı; kendini affetmeliydi... Kendini suçluluk duygusunun hassasiyetinden kurtarmalıydı. İşte o zaman öfkesi dinecek, yanlış davranışlarını olgunca kabul ederek düzeltebilecekti... Kendini affetmedikçe hassasiyeti devam edecekti.

2.
AFFEDİLME İHTİYACI HİSSETMEYENİ AFFETMEK ZORDUR

Affetmeyi zorlaştıran en önemli etken, inciten kişinin affedilme ihtiyacı hissetmemesidir. Affedilme ihtiyacı hissetmemek, **duygusal zayıflığın** belirtisidir. Böylesi kişilere, hata kabul etmek, affedilme ihtiyacı hissetmek oldukça ağır gelir. Hatanın kabul edilmesi, onlarda kendinin küçük düşeceği, değer kaybedeceği, zayıflayacağı, ezileceği hissini uyandırır. Duygusal açıdan zayıf bireyler, hatalarını kabul edecekleri o anı yaşamakta zorluk çekerler. Duyguları, hatalarını kabul edecekleri o anı yaşayacak kadar güçlenmiş değildir. Çocukluktan bu yana yetiştiriliş tarzları acılarını bastırarak ayakta durmaya dayalı olduğu için, af dileyince, hatalarını kabul edince bastırdıkları tüm duyguların kendilerini boğacağı hissini yaşarlar. İnciten kişinin affedilme ihtiyacı hissetmediği ve kendine göre savunmalar yaptığı bu durum incinmiş tarafın affetme isteğini de zorlaştırır. Ancak affetmek, affedilecek kişinin kendisi için değil, affedecek kişinin ruhsal özgürlüğü için gerekli olduğundan, affedilme ihtiyacı hissetmeyen birinin duygusal zayıflığı, bu kişinin yaşattığı incinmişliği bırakmamak için bir gerekçe olmamalıdır.

Bir danışanım çocukluk döneminde yaşadığı ve yıllar boyu affedemediği bir incinmişliği şöyle anlatmıştı:

"Sanırım 9-10 yaşlarındaydım, ablam yeni evlenmişti. Eşi, yani eniştem, maddi durumu iyi birisi idi. Ablam da çalışıyordu, ciddi para biriktiriyorlardı. Eniştem bir gün bana 'Sana oyuncak alsam ne istersin?' diye sordu, ben de 'Benzinli yarış arabam olsun isterim' dedim.

O zamanlar benzinle çalışan, uzaktan kumandalı yarış arabaları modaydı. Mahallemizde bazı çocukların benzinli yarış arabaları vardı ve kimseye vermez, sadece kendileri oynarlardı. Bu arabalar, gerçek araba gibi ses çıkarır, egzozundan duman atardı... Anneleri çağırdığı zaman yarış arabalarını kucaklarına alır, evlerine giderlerdi. Biz de onlarla beraber evlerinin önüne kadar peşlerinden yürürdük... Tekrar ne zaman dışarıya çıkacaklar diye gözümüz hep kapılarında olurdu... Koltuk altlarına sıkıştırdıkları benzinli yarış arabalarıyla dışarı çıktıklarında hepimiz hurraaaa onların yanına koşardık...

Eniştem bana 'Ne istersin...' diye sorduğunda benzinli yarış arabasının ne olduğunu heyecan dolu gözlerle anlatmıştım. Eniştem sevincimi anlamış, hafifçe omzuma dokunup 'Sana bir yarış arabası alacağım, söz!' demişti. 'Valla de' dedim, güldü, 'Vallahi alacağım' dedi...

Doğruca ablama koşmuş, 'Abla, eniştem bana benzinli yarış arabası alacak, vallahi dedi' diye heyecanımı onunla paylaşmıştım...

Öyle sevinmiştim ki ertesi gün arkadaşlarıma 'Eniştem bana yarış arabası alacak!' diye hava atmıştım... Daha arabam olmadan ben de mahalledeki çocukların ilgisini çekmiştim bile... Dışarı her çıktığımda bana 'Ne zaman alacaksın benzinli yarış arabasını' diye sormaya başlamışlardı.

Aradan birkaç gün geçti ama eniştem bir daha konuyu açmadı. Unuttu diye korkuyordum. Sonra neredeyse her gün 'Ne zaman alacaksın?' diye sormaya başladım... Önceleri yuvarlak cevaplar verdi, sonra ablamın ısrarıyla biraz netleştirdi. 'Maaşımı aldığımda alacağım' dedi. 'Maaşını ne zaman alacaksın?' diye sordum. Ablam bu ısrarımdan rahatsız olmuş olmalı ki 'Aaaa yeter ama, bu kadar da zorlama adamı' diye kızdı. O akşam ablam beni odaya çekip, 'Hiç oyuncak görmemiş gibi davranıyorsun, alacağım dedi işte, niye zorluyorsun' dedi. Ama aklıma hep benzinli arabanın çıkardığı ses geliyordu... Duramıyordum... Bir başka gün eniştem kanepede otururken sessizce yanına gittim... Ablam görmeden kulağına uzandım, 'Benzinli arabayı ne zaman alacaksın?' diye sordum. Eniştem de benim kulağıma, '15 gün var maaşımı almama, azıcık sabret' dedi. Ben o 15 günün hepsini tek tek saydım akşamları yatarken...

Eniştemin maaş alma günü gelince sabah kimseye bir şey söylemedim... Onlar söyler, sürpriz yaparlar diye bekledim... O gün akşama kadar eniştem arabadan hiç bahsetmedi... Akşam yatmaya gittiğinde, ablam görmeden ben de peşinden gittim; 'Benzinli yarış arabası almayacak mısın bana?' dedim... 'Hafta sonu alacağım' dedi. Üzüldüm, üç gün daha bekleyecektim... Benzinli yarış arabamla nasıl oynayacağımı hayal ederken uyuyakaldım...

Cumartesi sabahı erkenden kalktım... Eniştemin uyanmasını bekledim... Sabah kahvaltıda hep ona baktım, bir ara gözlerini kaldırdı, bana baktı, göz kırptı, unutmamıştı... 'Hadi iyisin, bugün sana kumandalı araba alacağım' dedi. Mahsustan çok sevinmedim gibi yaptım ama kalbim hızlı atmaya başlamıştı... Kahvaltıdan sonra, ablam evde kaldı, biz eniştemle çarşıya çıktık, oyuncakçıya gittik. Oyuncakçıda istediğim arabanın nerede olduğunu bildiğim için direkt alacağım arabanın yanına koştum... Eniştem de arkamdan geldi... Gösterdim, 'İşte bunu beğendim ben, arkadaşlarıma da söyledim, Ferrari olacak' dedim. Eniştem arabayı eline aldı, şöyle bir sağına soluna baktı... Eniştemin yüzüne bakıyordum, kalbim küt küt atıyordu... Bir ara bana baktı, beğenmiş gibi tebessüm etti, 'Güzel arabaymış, bizim zamanımızda böyle arabalar yoktu' dedi... Fiyatına bakmak için etiketi aradı... buldu... yüzü biraz ekşidi, gözüme baktı, 'Bu ne böyle!' dedi... Pahalı bulmuştu. Almayacak diye korktum birden... Arabanın sağını solunu yeniden inceledi, sonra yerine koydu, 'Ben sana başka oyuncak alayım, bu çok pahalıymış' dedi... Öylece kaldım... 'Ben bunu istiyorum' diyecektim ama boğazım şişti, sesim kısılmış gibiydi... Eniştem, 'Ben sana daha güzel bir araba alayım, boş ver bunu' dedi tekrar. İçimde bir şey koptu, sanki o araba benim olmuştu da oraya bırakıp gitmek istemiyor gibiydim... Eniştem elimden tuttu, 'Hadi gidelim, başka zaman geliriz' dedi... Ben gitmek istemedim, o beni bırakıp kapıya doğru yürüdü, dükkân sahibine selam verdi, çıktı... Ben de arkasından...

Dönüşte eniştem telefonla konuşarak yürüyor, arada bir saçıma dokunuyordu. Bense yoldan geçen arabaların çıkardığı sese bakıyor, alamadığım benzinli arabanın sesine benzetiyordum. Arkadaşlarıma gösterecektim... Arabamın peşimden koşacaklardı... Evden çıkarken herkes yanıma gelecekti... Bu duyguyu üzerimden atmak çok uzun zaman aldı. Kendimi kandırılmış gibi hissettim yıllarca..."

Bu olayın üzerinden yaklaşık yirmi yıl geçmişti. Her zaman aklında da değildi belki ama hatırlayınca kendini kötü hissediyordu. "O gün seni inciten şey neydi?" diye sorduğumda, "Eniştemin arabayı almaması değildi beni inciten... dükkândan çıkıp gitmesi, yolda giderken hiçbir şey yokmuş gibi saçımla oynaması bana kendimi kötü hissettirmişti... Eğer o gün, alamayacak dahi olsa, elimi tutsa, bana hitap ederek birkaç cümle söylese onu anlayacaktım... Belki üzülürdüm ama bu kadar incinmezdim..." dedi.

"Daha sonra bu olay hakkında hiç konuştunuz mu, senin bu incinmişliğini bırakmana yardımcı olacak farkındalıkta biri mi enişten?" diye sorduğumda, "Bir kez aile ortamında açmıştım konuyu; o gün yaptığının çok zoruma gittiğini söyledim, beni anlamadı, 'O kadar para verilir mi bir arabaya, yazık günah değil mi?' diye kendini savunmaya çalıştı. Ben arabayı almamasına değil, o günkü davranışına kırıldığımı söylediğimde ise daha da kırıcı oldu. 'Alsaydım iyiydim değil mi, alamayınca mı kötü oldum... İnsanoğlu böyle işte...' dedi. Daha fazla devam ettirmek istemedim. Gözümde o kadar büyüttüğüm, eğitimli, kültürlü, doktor olmuş bir kişinin farkındalığının bu denli düşük olduğunu görmek daha da incitti beni..."

Beyefendi içindeki incinmişliğini bırakmak için fırsatlar arıyor, ancak eniştesi ona bu şansı vermiyordu... Yanlış bir şey yaptığını düşünmüyordu... Affedilmeye ihtiyaç hissetmiyordu... Halbuki dinlese, "O gün incindiğim şey, beni dükkânda bırakıp çekip gitmen oldu" sözünü anlasa, empati kurabilse affedilecek, bağışlanacaktı... Ancak ne incittiğinden haberi vardı ne de bu incinmişliğin bırakılması için affedilmeye ihtiyaç duyuyordu...

Affetmelerin içinde en zoru, affedilmeye ihtiyaç duymayanı affetmektir...

Affedilmeye ihtiyaç duymayanı affetmek zor olsa da bunu başarmalıyız... Bağışlamasak da affedebiliriz... Yeniden aynı yakınlığı kurmadan iletişime devam edebilir, içimizdeki incinmişliği bırakabiliriz...

3.
SAVUNMASIZLIK AFFETMEYİ KOLAYLAŞTIRIR

Birçok kişi incittiğini fark eder fakat hatasını düzeltmek ve incittiği kişinin kendini kötü hissetmesine son vermek için kendini anlatmaya girişir. Açıklamalarda bulunur. Oysa incinmişliğin bırakılması, inciten kişinin kendini savunması ile değil, aksine, incittiğini kabul etmesi ile kolaylaşır. İncinen kişinin incinmişliğinin sorumluluğunu kabul etmeden, incinmesine gerek olmadığını anlatmaya çalışmak, "Aslında amacım şuydu..." demek incinmişliğin bırakılmasını zorlaştırır. İncitmenin sorumluluğu alınmadan, salt kişinin kendini iyi hissetmesi için çalışmak, incinmişliğin öfkesini azaltmaz.

Çocukluk yıllarında suçluluk duygusu ile değersizlik hassasiyeti oluşmuş kişiler, genellikle sorumluluk almak yerine, sorumluluktan kaçmayı tercih ederler. İncittiği kişinin sorumluluğunu aldığında kendini suçlu hissedeceği için, sorumluluğu reddedip (aslında suçlanmayı reddedip) incittiği kişiye kendini iyi hissetmesi için tavsiyelerde bulunmaya mecbur hissederler. Bu, suçluluk duygusunun **zorlantısıdır**.[3]

Psikolojik sağlam bireyler, sorumluluklarını kabul eder... eksik veya düzeltilmesi gereken bir şey olmuşsa onu telafi etmek için kendilerinde bir güç hissederler... Psikolojik zayıf bireyler ise bir aksaklığın sorumluluğunu kabul ettiklerinde suçlanacakları hissine kapılarak kendilerini kötü hissederler... Bu kötü his, kişiyi kendini savunmaya iter... Yanlış anlaşıldığını söyler, gereksiz yere hassasiyet gösterdiğini söyleyerek karşı tarafı suçlar... Niyetinin kötü olmadığını anlatır... Ve fakat bir türlü karşı tarafı incittiğinin sorumluluğunu kabul ederek yalın gerçeği görmek istemez... Böylesi kişiler için af dilemek 'küçük düşmek'tir... Kendini değersiz hissetmektir... Halbuki değerlilik duygusu yüksek bireylerin en belirgin davranışı, incittiği kişiden af dileyebilecek güçlülükte olmalarıdır...

Hiçbir savunma, incitmenin köken duygusunu değiştirmez... En güçlü savunmalar bile sadece düşünsel bir değişimi gerçekleştirir... Duyguların değişmesi ve onarılması, ancak affetmekle mümkün olur...

Burada küçük bir ayrıntının altını çizmekte fayda var: Birçok kişi, 'Ama haklıyım'dan yola çıkarak özür dilemeyi reddeder. Halbuki affedilme isteği, haklılık veya haksızlığın sonucuna göre oluşan bir durum de-

3 Zorlantı; içsel bir huzursuzluğun zorlamasıyla bir davranışa yönelme hali... Davranışın yapılmaması durumunda bireyin kendini kötü hissetmesi duygusu... Bilinçaltı itmesi...

ğildir. "Kişi haksız ise özür diler, haklı ise özür dilemez" düşüncesi, duygusal farkındalığı düşük olanların savunmasıdır. Affedilme isteği, bir incinmişliğin giderilmesi çabasıdır. Bu incinmişliğin haklılık veya haksızlık üzerinden gelişmiş olması önemli değildir. Affedilme, incinme sırasında acı duyan kişinin acısının azaltılma çabasına dair bir erdemliliktir...

Benzinli, kumandalı araba isteyen danışanımın eniştesi, "Bu araba pahalı" diyerek söz verdiği arabayı almaktan vazgeçmişti. Aslında haklıydı... Bu hediyeye düşündüğünden fazla miktarda para vermeyi hiç planlamamıştı. Ancak haklı olması, çocuğun incinmişliğini onarmasına engel olmamalıydı. Zira incinmişliğin savunması olmaz. İncitici davranıştaki haklılık veya haksızlık incinmişliği azaltmaz...

Bir danışanım, eşiyle yaşadığı çatışmayı şöyle anlatmıştı: "Eşim evde bir iş için telefon görüşmesi yapıyordu. Akşam yemeği için de marketten alınması gerekenler vardı. Konuşmanın uzun süreceğini düşünüp alışverişe ben çıkmak istedim. Eşime hangi kredi kartını kullanacağımı sordum. Bazen bazı kartların limitleri dolduğu için yanlış kart almak istemedim. Eşim bir yandan telefonla konuşuyor, bir yandan da bana hangi kartı almam gerektiğini sessizce tarif ediyordu.

Tarif ettiği kartı aldım, eşime gösterdim, başıyla onay verdi, ben de alışverişe çıktım. Marketten alacaklarımı aldım, kasaya geldim, hesabı ödemek için kasiyere kartı uzattım ancak işlem yapılamadı, kart limiti dolmuştu... Aldıklarımı biraz azalttım, belki bakiye yeter diye...

Zorunlu parçalar dışındakileri bırakmıştım. Kasiyer tekrar kartı geçirdi, yine bakiye yetmedi... Arkamda sıra bekleyen birçok kişi, önümde sabırsız bir kasiyer, sıkıştım kaldım... O anda aklıma eşime telefon etmek geldi... Tek yardım isteyeceğim kişi oydu... Ancak telefonu sürekli meşgul çalıyordu... Muhtemelen benim aradığımı görüyor ama açmıyordu... Ağlayacak gibi olmuştum... Kasiyer 'İsterseniz ürünleri yerlerine koyabilirsiniz' deyince kendimi çok kötü hissettim... Aldıklarımı yürüyen bandın üzerinden tekrar sepete koydum, sepeti bir reyon görevlisine teslim ettim... Sinir içinde eve gittim... Eşim hâlâ telefondaydı... Ona, 'Beni rezil etmeye ne hakkın var senin?' dedim... Sesim telefona gitmesin diye yan odaya geçti... Peşinden gittim, 'Kapatır mısın telefonu!' dedim... Telefonu kapatmak yerine tekrar oda değiştirdi... Bir süre sonra telefonu kapattı ve yanıma geldi... Kendisine tepkiliydim... 'Markette beni rezil etmeye ne hakkın var!' diye söylendim... Eşim, kendisine gösterdiğim kartın farkına varmamış, aynı renkte diğer kartı gösterdiğimi zannetmiş..."

Bu kırgınlık çift arasında uzunca süre devam etmiş. Beyefendiye eşinin incinmişliğini anlayıp anlamadığını sorduğumda, "Tabii ki anlayabilirim, bunda sorun yok... Defalarca söyledim, ben ona o kartı vermedim. Gerçekten fark edemedim telefon görüşmesi sırasında... O kadar bağırmayı hak edecek bir şey yaptığımı düşünmüyorum..." diye karşılık vermişti.

Beyefendi haklıydı... Eşini bilerek mahcup etmek istememişti tabii ki... Ancak haklılığı eşinin incinmişliğini onarmaması için bir sebep olamazdı... Kendini savunarak suçsuzluğunu ispat etmesine de gerek yoktu... İster haklı ister haksız olsun, eşi zorda kalmıştı... Bu incinmişliğin onarılmasının sorumluluğunu üzerine almalıydı... Eşinin kendisini iyi hissetmesi için ona dokunması, sarılması, onu anlaması, özür dilemesi, "Zor bir gün geçirdin, seni anlıyorum" demesi, eşinin kendini onarmasına ve beyefendiyi affetmesine sebep olacak davranışlardı... Beyefendi bunu yapmak yerine hâlâ "Ben bilerek mi o kartı verdim! Bilerek mi eşimi markette zor durumda bıraktım!" demek zorunda hissediyordu kendini... Bir incinmenin onarılması sorumluluğunu üstlenmek yerine, o incinmenin sorumluluğunun kendisine ait olmadığını ispat etmeye çalışıyordu...

Bir incinmenin onarılmasında rol almak psikolojik sağlamlığı, o incinmenin kendisiyle alakalı olmadığını ispat etmeye çalışmak ise psikolojik zayıflığı ortaya koyar. Bu zayıflık, suçluluk duygusunun bireye kendini kötü hissettirecek ağırlığıdır.

Birçoğumuz yıllarca suçluluk duygusu içerisinde, incittiğimiz kişiyi anlamak yerine kendimizi savunup durmuşuzdur. Fakat bunun bir işe yaramadığını, savundukça incinen kişinin kendini daha da kötü hissettiğini fark etmemişizdir. "Beni anlamıyorsun" cümlesi hiçbirimize yabancı değildir. İncinen kişinin "Beni anlamıyorsun" deyişi, bilişsel bir anlamamayı ifade etmez. "Beni anlamıyorsun" demek, "İçimde bir incinmişlik oluştu... Kendimi kötü hissettim... Bu kötü hissi anlayabilir misin?" demektir. Halbuki birçoğumuz karşımızdaki kişinin ne hissettiğine odaklanmak yerine, öyle hissetmemesi gerektiğini tavsiye eder ve kendi incittiğimiz yeri görmezden geliriz. Bu sadece bizim davranışlarımızdan incinen kişiler için değil, herhangi bir sebeple incinmişliğini ifade eden bir kişiyi anlamak için de temel duygusal farkındalıktır...

Öğretmeninin kendisini arkadaşlarının içinde azarladığını söyleyen bir çocuğun annesinden beklentisi, incinmişliğini hissetmesidir. O esnada çocuğa, "Öğretmenin aslında seni seviyor" demek oldukça gereksiz ve empatisiz bir sözdür. Çocuğun incinmişliğini hafifletmez. Aksine, incinmişlik duygusunu bastırmasına sebep olur... Ve çocuk kendini 'suçlu' hisseder... Kendisini seven bir kişiden incinmek, bireye kendini suçlu hissettirir...

Ya da arkadaşları tarafından oyuna alınmayan bir çocuğa "Sen de başkalarıyla oyna" tavsiyesinde bulunmadan önce dışlanmışlığın nasıl bir his olduğunu hissetmek gerekir. Bu his çocuğa aktarıldığında çocuk kendini iyi hisseder... Duygusunun anlaşıldığını hisseden kişi kendini güvende hisseder... Arkadaşları tarafından dışlanan çocuğun ihtiyaç duyduğu, "Kendini kötü hissettin, öyle değil mi?" denilmesidir.

Birçok ebeveyn çocuğu üzülmesin diye onun hissettiği duyguyu paylaşmaktan sakınır. Bu sakınma, o yetişkinin de bilinçaltında benzer bir duygu taşımasındandır. Çocukluğunda 'değersizlik' duygusunun acısını hissetmiş ancak kimse tarafından anlaşılmamış olan bir kişinin, benzer bir duyguyu paylaşan çocuğuna "Sen de başkaları ile oyna" demesi, kendi acısını uyandırmaktan kaçınmasından başka bir şey değildir.

Bu nedenle, savunmasızlık, ancak duygusal farkındalığı yüksek kişilerin erdemli davranışıdır. Karşısındaki kişinin incinmişliğini anlamak, kendi ile barışık olmanın bir kazanımıdır... Bir incinmişliği anlamadan, incinen kişiye tavsiyede bulunmak bireye anlaşılmadığını hissettirir... Tavsiye doğru olsa bile...

Bir danışanım, çocuğunun veli toplantısına katılmıştı. Çocuk, ilkokul üçe gidiyordu. Veli toplantısı sırasında öğretmen bu anneye herkesin içinde çocuğunun çok yaramaz olduğunu, derslerine hiç odaklanamadığını, başka çocukların da dikkatini dağıttığını söylemişti. Kadın kendini çok kötü hissetmişti. Toplantıdan çıktıktan sonra ağlayarak eve gitmiş, akşama kadar da içindeki huzursuzluk geçmemişti.

Eşi eve gelip kendisine moralinin neden bozuk olduğunu sorduğunda, toplantıda öğretmenin herkesin içinde çocuklarının olumsuz özelliklerini söylediğini, o anda kendisini çok kötü hissettiğini, ağlayarak eve geldiğini paylaşmıştı... Adam, karısını dinlemiş ve onu teselli etmek için, "Üzüldüğün şeye bak..." demişti. "Ben de zannettim ki ailenden kötü bir haber aldın, çocuklara bir şey oldu... Boş ver şimdi öğretmenin söylediklerini. Hadi sofraya geçelim..."

Beyefendi kötü niyetli değildi. Eşini sevmiyor, çocuklarıyla ilgilenmiyor da değildi. Sadece eşinin üzülmesini istemiyordu. Yaşadığı incinmişliğin çok da önemli olmadığını, acıtmaması gerektiğini, o incinmişliğe bu kadar üzülmenin gereksiz olduğunu anlatarak, bir başka deyişle eşinin incinmesini yok sayarak o anı geçiştirmeye çalışıyordu. Bu tavır, eşinin incinmesini geçirmek bir yana, kadına anlaşılmadığını, eşinin kendisinin duygularını yok saydığını hissettiriyordu. İhtiyacı olan şey, toplantıda kendini ne kadar kötü hissettiğinin anlaşılmasıydı. Başka bir şey değil... Eşi ise kendini daha fazla kötü hissetmemesi için, 'boş ver' diye geçiştirmeye çalışıyordu... İncinmişlikler 'boş verilerek' geçiştirilemez... Onarılarak düzeltilir... Bir incinmişliğin onarılması için önce onun görünür hale gelmesi gerekir.

Eşinin gözüne bakıp içinde incinen duygusunu fark etmek, elini tutmak, "Toplantıda kendini kötü hissettin değil mi?" demek... Eşinin kötü hissedişini anlamak... Sonunda "Sarılmak ister misin?" diye bir duygusal yakınlık ortaya koymak o incinmişliğin aşılmasını kolaylaştıracaktı. Ancak beyefendinin bunu yapması zordu. Böyle davransa kendini kötü hissedecekti... Bu kötü his, eşini inciten öğretmene karşı öfkesini tetikleyecek ve öğretmene bir şey yapmazsa sanki sorumluluğunu yerine getirmiyormuş gibi bir suçluluk duygusu içine girecekti. Çünkü onun bilinçaltı da incinmelerle doluydu... Eşinin incinmişliğini hissettiğinde, kendi içindeki incinmelerin de tesiriyle öfke uyanacaktı... Ve geleneksel bir erkek modeli içerisinde eşini inciten öğretmene 'had bildirmez' ise 'ne biçim bir erkek' olacaktı... Bu yüzden eşinin incinmişliğini anlamak yerine kendini bastırıyor, ona "Şu üzüldüğün şeye bak" diyerek o duyguyu reddediyordu... Eşini hissetmek bir sorumluluktu, o sorumluluk yetiştiği çevrede gidip öğretmene had bildirmeyi gerektiriyordu... Halbuki, eşinin incinmiş duygularının onarılmasında rol almaya çalışmak daha erdemli bir sorumluluktu. Bunu yapabilecek farkındalığa henüz erişmemişti.

Duyguların anlaşılmaması, bireyin kendini ifade edememesinden çok, karşısında duygusal olarak o duyguya yakınlaşabilecek kadar güçlü birinin olmamasından kaynaklanır.

Birçok evlilikte, eşlerin birbirleriyle paylaşımlarının azalması, konuşacak konuların yokluğundan değil, duygusal yakınlığın kaybolmasından kaynaklanır. Kendisini anlayabilecek bir eşinin olmadığını zaman içinde fark eden kişi duygusal olarak kapanır, duygularını kendi içinde yaşar ve onarır...

Birbirleriyle sürekli çatışan bir çift, problemlerini çözmek için Aile Danışmanlığı almaya karar vermişlerdi. Kadın, "Eşim beni ailesine ezdiriyor, beni savunmuyor" diye başladı söze... "Ne zaman ailesine gitsek, dönerken mutlaka tartışırız. 15 yıllık evliyiz, eşim hâlâ beni ailesine karşı korumaz..." dedi. Örnek vermesini istedim. "En son yaşadığımız olayı anlatayım..." dedi.

"Her hafta sonu mutlaka kayınvalidemlere gideriz. Gitsek bir sorun, gitmezsek başka sorun olur hep. Geçen hafta da gittik. Akşam yemeği için ben, eltim, görümcem ve kayınvalidem mutfakta hazırlık yapıyorduk. Mutfak küçük olduğu için dört kişi kalabalık oluyordu. Yemekler hazırlandı diye kalabalık etmemek için, ben salona geçtim. Yemek masasının kenarına idareten oturdum. Üç-beş dakika oturmuştum ki kayınvalidem hazırlanan yemekleri masaya koymak için geldi, beni masada otururken gördü. Suratı asıldı birden, yıllardır tanıyorum onu, suratı düştüğünde kötü davranır... Ben tatsızlık olmasın diye kalktım, mutfağa geçtim. Kayınvalidem benden yaşça küçük eltimin yanında beni tersledi, 'Git otur içeride, biz getiririz yemekleri' dedi. Kendimi kötü hissettim... Sesimi çıkarmadım, birkaç tabak da ben aldım servis yapmak için. Bu sefer de görümcem, yüzüme bakmadan, 'O tabakları yerine koy, başka tabaklarla servis yapacağız...' dedi. Görümcem de benden küçüktür, yine de sesimi çıkarmadım, tabakları mutfak tezgâhına koydum. Kayınvalidem, 'İş yapmıyorsun, bari iş çıkarma...' dedi. Beni mutfakta istemediklerini anladım, yemek masasına geçtim, masayı düzenlemeye çalıştım. Biraz sonra yemekler geldi. Herkes yavaş yavaş masaya oturdu. Kayınvalidem yemek servisi yapmak için masadakilerin tabaklarını tek tek istedi, benim tabağımı istemedi. Kayınpederim, 'Sen de versene tabağını' diye bana seslendi. Bir şey demedim, uzandım, kendi tabağıma kendim servis yaptım...

Akşam eve dönerken eşime durumu anlatmaya çalıştım. Daha 'Annen bana yine ters davrandı, benim tabağıma yemek koymadı' demeye kalmadı, eşim birden bağırmaya başladı, 'Bir kez de huzur ver bana!' diye direksiyonu yumrukladı. Önce sesimi çıkarmadım, sonra ben de patladım... 'Ben annenin hizmetçisi değilim!' diye bağırdım. Çocuklar da arabadaydı, bağırışımızdan korktular, sinip kaldılar arka koltukta..."

Eşi girdi söze:

"Hocam, velev ki annem eşimi dışlasın, ki öyle bir şey olduğunu da düşünmüyorum, annem de insan, mutlaka bir şeye canı sıkılmıştır da ondan yapmıştır... Ama velev ki eşimin söylediği gibi olsun, bu benim problemim mi? Gitsin annemle konuşsun, bıktım ben eşimin annemi şikâyet etmesinden... Kendi sorununu kendi çözsün, benden ne istiyor? Ne yapayım, gideyim annemin boğazını mı sıkayım..." diyerek çıkıştı.

Kadın eşine öfkeliydi. Eşi kendisini anlamıyordu... Oysa sadece 'incindiğini' söylemeye çalışıyordu, bunu söyleyebileceği tek kişi de eşi idi. Ancak adam bu incinmişliği kabul etmek yerine, duymak istemiyordu... Duysa, hak verse, bir sorumluluk hissedecekti... Halbuki, kadın kocasından bir şey istemiyor, sadece incitilmişliğini paylaşmak istiyordu... Sadece eşinin empati kurup kendisini anlamasını... Ne annesine bir şey söylemesini, ne kız kardeşine... İstediği biricik şey, 'incinmişliğinin' hissedilmesi idi.

Bu beyefendi, saf biri değildi... Eşine arabanın içinde öfkeyle bağırmasının sebebi de eşinin haksız olması değildi... Annesini tanıyordu... Bunu yapabileceğini biliyordu... Öfkesinin sebebi, karısının söylediği sözlerden kendini suçlu hissetmesiydi... Bu suçluluk, annesinin davranışlarının sorumluluğunun suçluluğu idi... Eğer eşine empati kuracak olsa, bir sorumluluk hissedecekti... Hissettiği sorumluluğun gereğini yerine getirmek için 'haksız' olan annesine bir şeyler söylemesi gerekecekti... Bunu yapabilmesi ise imkânsızdı... Annesi çok duyarsız bir kadındı... Beyefendi, çocukluğundan bu yana annesinin baskı ve şiddetinin şahidi idi... Adam çaresizdi yani... Yıllarca kendisinin tecrübe ettiği anne baskısını şimdi eşi yaşıyordu... Eşi annesinin davranışlarını anlattığında hissettiği sorumluluk, onu çaresizliğe itiyor, bir şey yapamayacak olmanın suçluluğunu hissetmemek için eşini bastırmaya çalışıyordu...

Tıpkı benim piknik alanında dal koparan çocuğu durdurmaya çalıştığım gibi, bu beyefendi de içinde uyanan çaresizlik (yetersizlik duygusu) ve yerine getiremeyeceği sorumluluk hissinin uyandıracağı suçluluk duygusunun acısını yaşıyordu... Bu acıyı durdurabilmek için eşinin susması gerekiyordu... Eşi konuştuğunda kalbi patlayacak gibi oluyordu... Eşini susturmak için tek bildiği yol, bağırmak ve korkutmaktı... Eşini susturarak kalbindeki kabarmayı durdurabilecekti...

Beyefendi, eşinin incinmişliğini işittiği sırada, bir 'sorumluluk hissinin suçluluğunu' yaşamamak için "Ne yapayım, gidip annemin boğazını mı sıkayım?!" diye bağırıyordu. Kimse ondan annesinin boğazını sıkmasını beklemiyordu tabii ki... Hissedilmesi gereken sorumluluk, eşinin incinmişliğinin sorumluluğu değil, eşinin incinmiş kalbinin onarılmasının sorumluluğu idi... Çünkü bu kişiler karı koca idi. Birinin kalbi incinmişse, diğeri o incinmişliğe iyi gelecek bir şeyler yapmalıydı...

Bu beyefendi ise eşine iyi gelecek şeyler yapmak yerine, onu susturmaya çalışıyordu... Eşinin sözleriyle içinde uyanan ve geçmişten gelen suçluluk duygusunun verdiği acıdan yine eşini bastırarak kurtulmaya çalışıyordu...

Kadın, eşinin neden acı çeker gibi bağırdığını görüşmeler içinde iyice fark etmişti... Eşinin bağırması ona değil, kendi içindeki uyanan huzursuzluğa yönelikti... Bu huzursuzluğu bastırıyordu... Hanımefendi, eşini daha iyi anlamıştı... Kendisine birçok insanın içinde yemek vermeyen kayınvalidesi ile yıllarca birlikte yaşamış olan eşi kimbilir nelere maruz kalmıştı... Ve o kimbilir nelere maruz kalan eşi şimdi annesiyle ilgili bir sorumluluk hissettiğinde çaresizleşiyor, çaresizliği kendini suçlu hissettiriyor ve kalbi kabarıyordu...

- 2. BÖLÜM -

affetme uygulamaları

İNCİNMİŞLİĞİN BIRAKILMASI

Önceki bölümlerde anlatıldığı gibi, birçok kişi, affetmenin, "Aman boşver gitsin" demek olduğunu zanneder... veya 'kafaya takmamak' olduğuna inanır... ya da "Unut gitsin" diyerek unutmaya zorlar kendini.

Bu telkinler affetmeye değil, duyguları bastırmaya neden olur.

İncinmeyi bastırabilmek için bilinçaltı öfke üretir. Öfke üretilmeden incinmişlik bastırılamaz. Bu nedenle incinmişliği bastırmayı, yok saymayı, unutturmayı tavsiye etmek yerine incinmişliği bırakmayı denemek gerekir.

İncinmişliğin öfkesine **kin** denir.

İncinmiş kişiye, "Aman boş ver... umursama" demek, "İçinde kin tut" demektir... Zihin ne kadar boş verse de, kişi ne kadar umursamasa da, bir gerçeklik vardır; duygular incinmiştir... Duygudaki incinme bilinç düzeyinde görmezden gelme ile geçici bir rahatlama sağlasa da duyguları onarmaz... Hatta görmezden gelme ve yok sayma ile oluşan geçici rahatlamalar yıllar sonra bilinç düzeyinde de huzursuzluklara neden olur. Böylesi bireyler ilerleyen yıllarda, "Hep de benim başıma gelir... Bir kez de doğru insana rastlamam... Herkes mi beni bulur... İnsanlara iyilik yaramaz zaten... El âlemin safı da benim..." gibi söylenmeler içerisinde bulur kendini...

İncinmişliği görmezden gelmek, her seferinde duygu ile zihin arasında bir sinyalleşmeyi görmezden gelmektir. İncinmiş duygu zihne incinmişliği ile ilgili sinyaller verirken zihin o sinyali görmezden gelmeye çalışmaktadır. Bu tıpkı karanlıktaki bir ateş böceğinin ışığını görmezden gelmek gibidir... Ancak, sonraki incinmeler ve görmezden gelmeler karanlığın içerisinde çoğalan ateş böceklerinin yanıp yanıp sönmesi, varlığını hissettirmeyen bir karanlığın içinde sürekli kendini belli etmesi, bireyin kendini, baş edemeyeceği bir zihinsel karıncalanmaya mahkûm etmesi anlamına gelir...

Bununla birlikte, incinmiş duygular bir önceki bölümde anlatılan örnekte olduğu gibi hiç beklenmedik zamanlarda bireyde tahammülsüzlüklere sebep olur. Sabah eşinin kendisini incittiğini görmezden gelen kişi, öğlen çocuğunun incitmesini yok sayarak, akşam ailesinden başka birinin incitmesini umursamayarak bu döngüyü nereye kadar devam ettirebilir ki?

Bazı kişiler de incinmişliğin acısını duymamak için daha 'masumca' bir yol izlerler. Kendi incinmişliklerini onarmak yerine, inciten kişiyi savunmaya çalışarak incinmişliklerini bastırmaya çalışırlar. Annesinin şiddetini yaşamış bir kişinin, "Onun da psikolojik zorlukları vardı, bilerek incitmedi" veya "O benim annem, ne yaparsa yapsın ben onu affederim" demesi gerçek bir affetme değildir. Böylesi tutumlar, incinmişliği bastırmaktan başka bir şey değildir. Böyle bir tutum sergileyen, kendisini inciten kişiyi "masumca" savunmaya çalışan kişilerin, affettiğini zannettiği kişilere mesafeli oluşlarının sebebi budur. Bu kişiler affetmeyi zihinlerinde tamamlamaya çalıştıkları için, gerçek bir affetmişliğin rahatlığına erişemezler. Halbuki affetmek zihinde değil duygularda gerçekleşir.

Bu nedenle birey, incinmişliğini yok sayarak ve 'mış' gibi yaparak yaşamayı değil, incinmiş duygusunu bırakarak ve ruhsal özgürlüğünü koruyarak yaşamayı öğrenmelidir.

İşte bireyin, incimişliğini **bırakmasına** affetmek denir.

DUYGUSAL FARKINDALIK

Geçmişte yaşadığımız birçok olayı genellikle 'bilinç düzeyinde' hatırlarız. Hangi okuldan mezun olduğumuzu, çocukluğumuzun nerede geçtiğini, geçtiğimiz yıl nerede tatil yaptığımızı... Biraz zorladığımızda, çocukken koştuğumuz sokakları, oynadığımız oyunları, giydiğimiz kıyafetleri, hatta ellerimizi ayaklarımızı bilincimize yakınlaştırabiliriz... Bilinç düzeyinde hatırladığımız anılar genellikle davranış boyutundadır, duygu içermez...

Örneğin ilkokul öğretmenimizi, gittiğimiz okulu gözümüzün önüne getirdiğimizde bir bina görürüz... Bahçesinde cıvıldaşan çocuklar ve belki de onların arasında kendimizi...

Bilinç düzeyinde hatırladığımız bu anılar duygusal çağrışımları da içermeye başladığında, bilinçaltımız da devreye girer... Bilinçaltımız geçmişte yaşadığımız olayların duygu boyutlu hafızasını içerir... Bir başka deyişle, yaşadığımız olayların davranış boyutu, bilinç düzeyinde, duygu boyutu ise bilinçaltı düzeyinde kaydolur... Eğer bir olay yaşanırken duygular zarara uğramışsa veya bastırılmış ve duygusuz yaşanmışsa, bir başka deyişle, bilinç düzeyine kayıt olan bir olayın duygu düzeyinde karşılığı yok ise o hatırlanamaz...

Yaşanan bir olay bireyin duygularını incitmişse, bu hatıra yaşandığı gibi değil, bilinçaltının kurguladığı şekilde bilinç düzeyinde kaydolur... Bu kurgu, bireyin kendini koruyabilmesi için bilinçaltının bir savunma mekanizmasıdır...

Gerçeklik bize acı vereceği için bilinçaltı, acı duyacağı duyguların bazen bilinç düzeyindeki bağlantılarını keser ve böylelikle hatıralar hatırlanmaz ya da bilinç düzeyi ile arasındaki bağlantıyı farklı bir kurgu ile değiştirerek kaydeder...

Duygu ile zihin arasında bağlantının kesilmesi, bir süre sonra yaşanılan olayın unutulmasına ve geçmişin karanlığa gömülmesine neden olur...

Kesilen bu bağlantı, bir süre sonra bireyin geçmişinin neredeyse hiç hatırlayamayacağı kadar karanlığa gömülmesine neden olur. Bu, oldukça trajik bir durumdur...

Böylesi bireyler geçmişi olmadan yaşamlarını sürdürmek zorundadır... Ta ki duygusal farkındalık kazanıncaya kadar...

Duygusal farkındalık, bireyin işlevselliğini yitirmiş olan duygularının dürtüler veya telkinler yardımı ile uyandırılması... Ve duyguların işlevselliğinin bilinç düzeyinde gözlemlenebilmesi yeteneği kazanmasıdır...

Duygusal farkındalığı olan bireyler hangi duyguları yaşadıklarını bilirler... Sevdiklerini... Sevildiklerini... Özgürlüklerini... Değerliliklerini... Ve yeterliliklerini hisseder, içsel bir genişlik yaşarlar... Kaygı, öfke, kıskançlık, nefret gibi duyguların kökenini takip edebilir, bugün yaşadıkları duygusal zorlukların nedenlerinin geçmiş yıllardaki bağlantılarını gözlemleyebilirler...

Duygusal farkındalığı olmayan bireyler kimi zaman ne yediklerini, içtiklerini, kimi zaman önceki günü ve haftayı dahi hatırlamakta zorluk çekerler... Böylesi bireyler genellikle mekanik bir yaşam içerisinde rutin davranışlar sergilerler... Duygusal işlev gerektiren olaylardan kaçınırlar ya da yetersiz kalırlar...

Çocukken Ankara'ya kar yağdığı o günü hatırlıyordum ben... Sokağa çıkarken giydiğim kıyafetleri de... Kartopu oynarken burnumun ne kadar üşüdüğünü bile unutmamıştım... Ancak kartopu attığım andan itibaren birtakım kopukluklar vardı zihnimde... Sanki kötü bir şey olmuştu... Elimden kartopunun çıktığını hatırlıyor... ama kartopunun kadına çarptığı anı hatırlayamıyordum... Kadının üstüme gelişini, homurdana homurdana bana bir şeyler söylediklerini kare kare hatırlıyordum... Ama bir şeyler kopuktu... Ben yıllarca bu kopukluğun kadınlar beni incittiği ve aşağıladığı için olduğunu zannettim... Ta ki üniversite çağıma kadar...

Üniversite birinci sınıfta kendimizle barışık olma hakkında bir tartışma konusu açılmıştı... Dersin hocası hepimizden geçmişte kendimizle barışık olmadığımız ve fakat daha sonra barıştığımız bir durumu paylaşmamızı istemişti... Ben acaba neyi anlatsam diye kendi kendime düşünürken birkaç cesur sınıf arkadaşım el kaldırdı ve tahtaya çıkıp kendileriyle barışma süreçlerini anlatmak istediler... Bir kız utana sıkıla kendi kilosundan bahsetmeye başladı... Tam karşımızda duruyor, kızarmış yüzü ile aşırı kilosunun kendisini ne kadar rahatsız ettiğini, ortaokul ve lise çağlarında hiçbir arkadaşının olmadığını, hiçbir zaman tahtaya kalkıp ders anlatmadığını, sınıfa herkesten önce gelip oturduğunu ve sınıf arkadaşlarının onu görmesini hiç istemediğini... Şimdilerde ise artık bedeninden utanmadığını, bu derste de ayağa kalkıp herkesin karşısında sunum yapabileceğini kendisine göstermek istediğini söyledi...

Bu cümleler sınıftan alkış aldı... Kız hafifçe yan döndü, beline baktı, "Bedenimden utanmıyorum artık" dedi ve kendisi de kendini alkışladı... Herkeste tatlı bir tebessüm olduğu halde kızın tutumu beni rahatsız etmişti... Neden rahatsız ettiğini bilmediğim bir memnuniyetsizlik oluşmuştu içimde... Sanki kötü bir şey olacak gibi bir duygu idi bu... Sanki karşılaşmak istemediğim bir gerçek gün yüzüne çıkacakmış gibi, hissettiğim bir suçluluk duygusu gibi bir huzursuzluktu... Gözlerimin yarı kapalı hali ile kalbimi dinledim... Bu korkuyu tanır gibi oldum birden... Kar yağdığı gün, attığım kartopu kadının başına değil, kalçasına gelmişti... Kadın dönüp kalçasına bakmıştı, tıpkı sunum yapan kız gibi... Kartopunun kadının kalçasına gelmesinden o kadar utanmıştım ki ne yapacağımı şaşırmıştım... Kadın bunu kendine hakaret kabul etmişti... "Utanmıyor musun?" diyerek üstüme yürümüştü... Ben o gün, kadına kartopu atmanın değil, kartopunun kadının kalçasına gelmesinin korkusunu yaşamıştım... Küçük bir çocuğun bir kadının kalçasına gelen kartopundan utanç içinde bir suçluluk hissetmesi... Ayıp bir şey yapmış olmanın suçluluğu... Belki de birileri duysa diye bir suçluluktu... Bu kötü his içimde dalga dalga yayılırken, kadın hâlâ üzerime gelip "utanmıyor musun" diye bağırıyordu...

Ben yıllardır o günü bilinçaltımın yanlış kurgusu ile hatırlıyordum... Bilinçaltım, yaşadığı '**suçluluk**' duygusunu utanç içerisinde bilinç düzeyime kaydetmek yerine yeni bir kurgu yapmış... kartopunun kadının kalçasına değil, başına geldiğini kaydetmişti... Karın yağdığı o gün giydiğim elbiseleri, burnumun üşümesini hatırladığım halde, kartopunun havadaki hareketinin belirli bir noktadan sonra zihnimde belirsizleşip, geri kalan olayların kare kare belli yerlerinin silinip belli yerlerinin kaydedilmesi, içimdeki o kötü hissin acısını dindirmek için bilinçaltımın geliştirdiği bir savunmaydı...

Kendimi affetme sürecine girdiğimde fark ettim ki bilinçaltımın derinlerinde o güne ait iki suçluluk duygusu vardı... Biri öğretiler ile gelişmiş, bir kadının vücuduna kartopu atmanın ne kadar kötü bir şey olduğuna dönük bir ayıplanma... Diğeri zaten utanç içinde kaldığım bir durumu gizlemeye çalışırken kadının üstüme üstüme gelip bunu sere serpe ortaya dökmesi idi... Ben ikinci kısmı yıllar boyunca hep hatırladım, ancak birinci kısım bilinçaltımın derinlerinde kötü bir his olarak kalmıştı...

Dersteki arkadaşımın sunumu sırasında önce kötü bir şey olacakmış gibi hissetmem, sonra zihnimin açılıp o günü daha net olarak görmeye başlamamla içimde bir rahatlama da meydana gelmişti... Kötü bir şey olmamıştı... Aksine rahatlamıştım... Çocukluğumdan bu yana bilinçaltımın saklı tuttuğu bir suçluluk hissini hatırlayarak, kendime "Bunda utanılacak ne vardı ki..." demiştim. Ve içimdeki çocuğa "Korkma, bu kötü bir şey değil... sen yanlış bir şey yapmadın... kadın yanlış davranıyor... teselli etmesi gerekirken seni daha çok kaygılandırıyor... sen bir suç işlemedin... istersen bana sarılabilirsin..." diye seslendim. Gözlerimden usul usul yaş gelerek kendime sesledim... "Korkma, bana sarıl hadi" dedim... İçimdeki çocuğu teselli ettim...

Bu olay beni oldukça sarsmıştı... Sanki içimdeki çocuk yıllarca orada beklemişti... Şimdi ona sarıldığımda can gelmişti... Rahatlamış ve özgürleşmişti... Aslında özgürleşen ve o ağırlıktan kurtulan içimdeki çocuk değil, yetişkin bendim... İçimdeki çocuğun suçluluk duygusundan kurtulması, yetişkin beni bir ağırlıktan kurtarmıştı...

Aslında o gün farkında olmadan kendimi affetmiştim... Yanlış aktarılan öğretilerle kendimi suçlu zannetme yanılgısından kurtarmış, özgürlüğümü geri vermiştim... Unutmamak gerek ki kendini affetmek, bireyin kendini suçlamayı bırakmasıdır. Bu suçlamaların çoğu bilinçaltının derinlerde, **kurgusu değiştirilmiş** vaziyette ve keşfedilmesi zor olan hislerin içinde gizlidir.

Bilinçaltı, bir huzursuzluğu azaltabilmek için, yaşanan olayın kurgusunu değiştirerek o huzursuzluktan kaçınır...

Çocukken sürekli anne azarı işiten bir çocuğun yetişkinlik yıllarında gülerek, "Çocukken çok yaramazmışım... Annem benimle baş etmekte zorluk çekmiş" diye anlatması, bilinçaltının, öfkesini yönetemeyen bir annenin çocuğu olmanın değersizliğini bastırmak için kendini yaramaz bir çocuk olarak göstermeye razı olmasından başka bir şey değildir.

Yaşamı boyunca babası kendisine bir kez bile uyku öncesi hikâye okumamış bir çocuğun aslında babasının kendisini ne kadar çok sevdiğini anlatması babası ile kopuk olmanın acısını bastırma çabasından başka bir şey değildir...

Bu bastırmalar olmasa, bilinçaltı bireyin kendi gerçeğinin acıları içinde boğulacağını sezinleyerek, onu gerçek yaşam öyküsü ile değil, **kurgulanmış** bir yaşamın avuntusu içinde tutmaya çalışır...

İşte duygusal farkındalık, acı vereceğini bildiği halde kendi yaşamının gerçeğini yanılsamalardan kurtararak 'ruhsal bütünlüğü' **gerçeklik** içinde yeniden yapılandırma girişimidir. Bu bütünlük, çocukluk yıllarından itibaren incinmelerle kesintiye uğramış veya **kurgusu değiştirilmiş** yaşamın gerçeğini tüm yönleriyle kavramak ve kendini geçmişin ağır duygularından kurtarmaktır...

BİLİNÇALTINA YOLCULUK

Geçmişte yaşadığımız bir incinmişlik veya haksızlığın **bırakılması** için, bir başka deyişle bir bireyin affedilebilmesi için, '**incinme anının duygusunun**' yeniden hissedilmesi gerekir...

Hissedilmeyen duygu bırakılamaz... Acısı hissedilmeyen affetme, affetme değildir...

Genellikle geçmişte yaşanmış bir incinmişliğe direkt erişilemez, bilincin desteğine ihtiyaç vardır...

Bilinçaltında saklı duran birçok duygunun izdüşümleri, ya kurgusu değiştirilmiş olarak ya da kare kare anlar olarak bilinç düzeyinde hâlâ varlığını sürdürmektedir...

İNCİNMİŞLİK DUYGUSUNU BIRAKMAK

1. ADIM
AFFETME KARARI

İncinmiş bir bireyi affetmenin, bir başka deyişle, bir başkasının incittiği bir duyguyu bırakmanın ilk ve temel şartı o bireyi gerçekten **affetmeye karar vermektir. Bu karar iki kısımdır: Birincisi, incinmişliği bırakmaya karar vermek; ikincisi, inciten bireyi serbest bırakmaya yönelik bir karardır.**

Affetmeye karar vermeden gerçek bir affetme olmaz...

Affetmeye karar vermek için;

Affetmeye, sizin, kendinizin ihtiyacınız olduğunu fark edin...

İncinmişliğin öfkesini içinizde tutmanın sadece size zarar vereceğini hissedin...

Ya sizi inciten bireyin verdiği ruhsal ağırlıkla yaşamak ya da ruhsal özgürlüğünüzü tercih etmek üzere içinizdeki incinmişliği bırakmak gibi iki seçeneğinizin olduğunu fark edin...

Sizi inciten bir kişinin duygusal yükünü taşımak zorunda olmadığınızı fark edin...

Affetmenin 'bağışlamak' olmadığını bilin, affettiğiniz kişi ile yakınlaşmak zorunda olmadığınızı fark edin...

Affetme bilişsel bir süreç değildir... Bilinçte başlayan ve bilinçaltında tamamlanan bir süreçtir... Bu nedenle, affetme sürecinizin tamamlanabilmesi için **bilinçaltınız ile işbirliği** yapın...

Bilinçaltı ile işbirliği, iç seslerle sakince ve dinginçe yapılacak bir **iç konuşma** ile gerçekleşecektir...

Bunun için kendinizle baş başa kalabileceğiniz bir **affetme anı** oluşturun...

Böylesi bir an için **yalnızlığı** tercih edin...

Sessiz bir ortamda bulunun...

Rahat bir koltuğa **oturun...**

Sanki kalbinizle konuşacakmış gibi, hafif sola dönük olarak **başınızı kalbinize çevirin**...

Gözlerinizi kapatın...

İçinize seslenin... İçinize ne yapmak istediğinizi **haber verin**...

Acele etmeyin... İçinizden cevap gelinceye dek **bekleyin...**

İç sesleriniz, size cevap vermeye başladığında, sükûnetinizi kaybetmeden onunla '**iki yetişkin**' olarak konuşun...

Affetme kararınızı bilinçaltınızın da kabul edebilmesi için, bilinç düzeyinde sahip olduğunuz bilgileri bilinçaltınızla paylaşın...

İç Sesle Konuşma Örneği[4]

"Affetmek istiyorum..."

"Ne gerek var, zaten unuttun gitti..."

"İncinmişlik duygusu unutulmaz, bilinçaltında kalır..."

"Ama hiç hatırlamıyorsun..."

"Bilinç düzeyinde hatırlamıyor olabilirim ama duygularım o incinmişliği yaşadı..."

"Uğraşma böyle şeylerle..."

"İncinmişliği bırakmak istiyorum... Onu affetmek istiyorum..."

"Ya o affedilmeyi hak etmiyorsa, senden başkalarını da inciten biri ise?"

"O affedilmeyi hak etmese de ben içimdeki incinmişliğin yükünden kurtulmak istiyorum..."

"Zayıf düşersin incinmişliği bırakırsan. Savunmasız kalırsın."

"Zayıf düşeceğimi zannettiğin şey, incinmişliğin acı veren gücünün azalması... Ben incinmişliğin acı

---

4 İç seslerle nasıl konuşulacağı kitabın ilerleyen sayfalarında 'Kendini Affetmek' bölümünde ayrıntılı bir şekilde anlatılacaktır.

veren gücünden değil, **kendim olmanın özgürlüğünden** güç almak istiyorum..."

"Ya yeniden zarar verirse..."

"Affetmek ayrı, bağışlamak ayrı... Onu affedeceğim ama zarar vermemesi için onunla eski yakınlıkta olmayacağım..."

"Bu ne işe yarayacak?"

"Ona olan bağımdan kurtulacağım. Affetmediğim sürece içimdeki öfke ile onunla bir bağ içinde kalıyorum. Bu bağ anlamsız, gereksiz. Beni inciten biri ile bir bağım olsun istemiyorum... Onu bırakıp onun dışındaki koca bir hayatın özgürlüğünü yaşamak istiyorum."

(Sessizlik...)

Yukarıdaki örnekte olduğu gibi, içinizdeki ses **susuncaya kadar** iç seslerinizle konuşun...

İç sesiniz sustuğunda karar verme vaktiniz gelmiştir...

İç seslerinizin susması, bilinçaltınızın incinmişliğinizi bırakmaya izin vereceği anlamına gelir...

İç ses olarak konuşulan yer, bilinçaltıdır...

Affetmenin asıl gerçekleşeceği yer bilinçaltıdır...

Bireyin bilinç düzeyinden bilinçaltına bir seslenişidir...

Sadece bilinç düzeyinde alınan bir kararla affetme gerçekleşmez...

İncinen duyguların bulunduğu yer de bilinçaltıdır... Bilinçaltı, incinmişliği bırakmamak için derin ve yoğun bir bilinçaltı ağı ile incinmişlik duygusunu korumaktadır. Size verilen her bir cevap, incinmişliği koruyan ağların teker teker bağlarını çözerek, incinmişlik duygusunu bırakmaya hazırlanması demektir.

Bilinçaltı izin vermedikçe, hiçbir incinmişlik duygusu bırakılamaz, daha kuvvetli dirençler oluşur... Bireyi yanılsamalar içerisine sokar, bırakıldığı zannedilen duygular daha derinlere iner... Bu duygular beklenmedik anlarda insana huzursuzluk yaşatır, tepkisel davranışlar oluşturur...

Birçok kişi, affetme kararını sadece bilinç düzeyinde yaşadığı için, bilinçaltı incinmişliği bırakmaz...

2. ADIM
ÜÇ GÜN KURALI

Her ne kadar bilinçaltı **affetme kararını** onaylamış olsa da henüz bilinç düzeyiyle bilinçaltı arasında tam bir uyum gerçekleşmiş değildir...

Bilinç düzeyi ile bilinçaltının senkronize olabilmesi ve incinmişlik duygusunun kökleriyle tam bir bırakmışlık içerisine girebilmesi için kendinize 3 gün zaman tanıyın... Bu süre içerisinde muhtemelen bilinç düzeyinizden bilinçaltına, bilinçaltınızdan da bilinç düzeyine konuşmalar olacaktır... Bu konuşmalar; incinmiş duygunun **derinliğine**, affedilecek kişinin **yakınlığına**, incinmişliğin üzerinden geçen **süreye** bağlı olarak yoğunluk veya yüzeysellik gösterecektir.

Bir incinmişliğin bırakılması sadece bırakılacak duyguyu değil, o duygunun etkisinde olan diğer duyguları da etkileyeceği için bu 3 günlük süre oldukça önemlidir...

Affetmenin birinci adımında gerçekleşen karar verme aşamasında birey sadece incinmiş duyguyu bırakma kararını vermiştir... İncinmiş duygunun bırakılması ile diğer duyguların nasıl bir enerji değişikliğine gireceği, karar verme aşamasında tamamlanmamıştır... İşte bu 3 günlük süre, incinmişlik duygusunun bırakılması ile diğer duyguların nasıl bir değişikliğe gireceğinin bilinçaltı tarafından gözlem sürecidir...

Affetmek istediğiniz kişi ile bu süre içinde görüşmeyin... Ne telefonla ne de yazılı olarak haberleşmeyin... Video ve resimler üzerinden affedeceğiniz kişi ile kendiniz arasında bir çağrışım oluşturmayın... Mümkün olduğunca bu süreyi dürtüsüz olarak geçirin...

Bilinçaltının bir duyguyu bırakması, Jenga oyununda bir parçayı çıkarmak gibidir... Çıkan parçanın bütünü nasıl etkileyeceğinin bilinçaltı tarafından gözlemlenmesi gerekir... Eğer çıkan parça birçok duygunun yer değiştirmesini etkileyecekse bilinçaltı, o duygunun bırakılması yerine, görünmez hale gelmesini isteyebilir. Bilinçaltının duyguyu bırakmak yerine görünmez hale getirme teklifi, aslında o duygunun bastırılması teklifidir. Bilinçaltı genellikle bireyin yaşam tarzına en uygun görünen nitelikte teklifler sunarak o duygunun bırakılmasından vazgeçmeye çalışır...

Bilinçaltı, bu süre içinde muhtemelen **incinmişliği bırakmak** yerine sizi incinmişlik duygusunu **bastırmaya** yönlendirecektir...

Örneğin;

"Affedeceğim diye uğraşıp durma, boş ver gitsin..."

"Boş vermek, görmezden gelmektir... İncinmişliğimi görmezden gelsem de o incinmişliği yaşadım, içimde bir yerde onu hissettim... Duygumu görmezden gelmek o duygudan kurtulmak anlamına gelmez..."

"Unut gitsin... uğraşma böyle şeylerle..."

"İncinmişliğin unutulabilmesi için kendimi başka şeylerle oyalamaya ihtiyacım olacak... Başka şeylerle oyalana oyalana kendimi duymaz hale gelmek yerine o incinmişliği bırakmayı tercih ederim..."

"Geçmişe takılıp kalma... geleceğe bak..."

"Geçmişte yaşadığımız duygular geleceği şekillendiriyor... Geçmişte yaşadığım bir duyguyu bastırmak için geleceğe odaklanmak incindiğim gerçeğini değiştirmez..."

"Amma da kindarmışsın, hayat devam ediyor işte..."

"Kin, incinmişliğin öfkesi ile oluşan yeni bir duygudur... Eğer gerçekten kin tutmuş isem içimdeki kinden kurtulabilmek için incinmişliğimi bırakmaya ihtiyacım var..."

Yukarıdaki örnekte görüldüğü gibi, bilinçaltı, incinmişlik duygusunu bırakmak yerine değişik tekliflerle incinmişlik duygusunu bastırmaya yönelmektedir...

"Boş ver gitsin..."

"Unut gitsin..."

"Geçmişe takılıp kalma..."

"Hayat devam ediyor..."

"Allah'a havale et..."

Bu gibi söylemler görünüşte çok cazip olsa da incinmiş duygunun bırakılmasında rol oynamaz...

Bilinçaltının affetme kararından sonra hangi davranışı sergileyeceğini görebilmek için işte bu 3 günlük süre oldukça önemlidir...

3. ADIM
DOĞRU ZAMAN

Affetme kararınızdan sonra geçen üç günün sonunda artık affetmek için duygularınıza odaklanabilirsiniz.

Birini affetmek için seçtiğiniz gün ve saatte olumlu ya da olumsuz hiçbir duygunun tesiri altında olmadığınıza emin olun...

Mutlu bir gününüzde affetme çalışması yapamayacağınız gibi, kendinizi kötü hissettiğiniz bir günde yapmanız da gerçekçi olmaz.

Sadece duygusal olarak değil, fizyolojik olarak da bir duygunun etkisi altında olmamanız gerekir. Buna açlık, tokluk, yorgunluk, uykusuzluk ve hastalık gibi fizyolojik tesirler de dahildir...

Gerekirse affetmenizi geciktirin fakat yanlış zamanı tercih etmeyin.

Bir duygunun bırakılması için en uygun zaman, akşamı uyku ile dinlenmiş bir günün sabah saatleridir...

Doğru zamanı seçtikten sonra, doğru ortamı belirleyin...

Bunun için kendinizi güvende hissedeceğiniz, gündelik yaşamınızı sürdürdüğünüz bir ev ortamı olmasını tercih edin...

Bulunduğunuz mekânın 'çerçevelenmiş bir alan'[5] ve sessiz bir ortam olmasına dikkat edin...

İçinde bulunduğunuz ortamda yalnız olmanız gerekir, başkalarının bulunduğu ortamda duygu bırakılamaz...

Dışarıdan gelen gürültülerin, evin içinden duyacağınız seslerin veya bir evcil hayvanın sesinin dahi içinizdeki incinmişliğin bırakılmasında engel oluşturacağını bilin...

UYGULAMA

Rahat bir yerde, rahat bir beden duruşu ile oturmayı tercih edin...

Yatar vaziyetteyken duygunun bırakılması zordur... Tercihen yere oturun, sırtınızı düz bir zemine yaslayın...

Oturduğunuz yerde bir süre (yaklaşık 2 dakika) hiçbir şey yapmadan bekleyin...

---

5 Çerçevelenmiş alan: Her tarafı kapalı olan bir alan. Bir oda şeklinde düşünülebilecek çerçevelenmiş alanın, kapı ve pencereleri kapalı olmalıdır.

4. ADIM
ZİHNİNİZDE CANLANDIRIN

Affetmek, bilinç düzeyinde başlayan ve bilinçaltı düzeyinde tamamlanan bir onarım çalışmasıdır...

Birey bilinçaltında saklı duran incinmişlik duygusuna direkt erişemez... İncinmişlik duygusuna erişebilmek için 'çağrışımlara' ihtiyaç vardır... Çağrışımlar bireyi incinmişlik duygusuna taşır... Kişi, bir incinme anında ne hissettiyse, benzer şiddette bir huzursuzluğu içinde yaşamadıkça, o huzursuzluğu tamamen kaldıramaz... Bu nedenle, incinmişlik duygusu hissedilmeden gerçekleşen affetmeler derin bir affetme özelliği taşımaz... Yeri geldiğinde yeniden canlanır...

İncinmişlik duygusuna erişebilmek için iki yöntem vardır. Birincisi, geçmişte incinmişliğin yaşandığı o anı 'zihinde' yeniden yaşatmaktır. İkincisi, incinmişliğin yaşandığı sırada en aktif duyu organını benzer şekilde yeniden aktif hale getirmektir.

Örneğin misafirlikte ikram edilen şekeri çok fazla aldı diye evde azar işiten bir çocuğun ağzında kalan son şekerin tadı, o anın duygusunu çağrıştırmak için kullanılabilir...

İncinmişlik gününde en aktif kullanılan duyu organı incinmişlik duygusunu '**çağırıcı duyu**'dur.

Kartopu attığım kadının üzerime doğru geldiği sırada hissettiğim kötü duyguyu bırakabilmek için yıllar sonra aynı sokağa gitmiştim... Bunu yapmaktaki amacım, 'çağırıcı duyularımı' aktif hale getirmekti... Çocukluğumun geçtiği sokağa gittiğimde kar yoktu, ancak hava soğuktu... Yıllar sonra bir yetişkin olarak aynı sokakta, aynı yerde duruyordum... Burnum bir çocuğun burnu gibi üşüyor, ellerim kartopu tutmuş gibi soğuyordu... Sokak aynı sokaktı... Zihnimde o kadınlar yine oradan geçiyordu... Kartopu ile kovaladığım çocuk aynı şekilde önümde kaçıyordu... Attığım kartopu kovaladığım çocuğa değil, orada duran kadına doğru ilerliyordu...

Kadının kalçasına gelen kartopunu bu sefer sakınmadan izledim...

Çocuksu kalbimin kıpırtısını hissettim...

Tüm bunları zihnimde yeniden yaşarken bir yandan o çocuksu bedenimi uzaktan seyrediyor gibiydim...

Çocuksu anımın duyguları, sanki yetişkin bedenimde uyanacak gibi yakınlaşıyordum onlara...

Sokak bomboştu...

Ancak zihnimde kar yağıyor, arkadaşlarım 'bu attı, bu attı' diye parmaklarıyla beni gösteriyor, kadın üstüme yürüyor, benimse çocuk kalbim kıpır kıpır atıyordu...

Zihnimde canlanan o an, içimdeki incinmişliği yeniden canlandırdı. O duyguyu hissettim... Ben unuttum zannediyordum... Arkadaş ortamlarında gülerek anlatabileceğim basitlikte bir olaydı bu... Halbuki bilinçaltım unutmamıştı... Benim o kadını affetmeye ihtiyacım vardı, içimde duran bu incinmişliği bırakabilmem, ruhsal olarak özgürleşmem için gerekliydi... Bu çağrışımlar içinde ertesi gün, sabah saatlerinde incinmişlik duygularımı bırakmaya adım attım...

Birçoğumuz, çocukluk yıllarında yaşadığı böylesi incinmişlik anılarını önemsemez... Hatta unuttuğuna inanır... Bazıları da gülerek anlatır... Halbuki bir duygunun incinmiş olması o duygunun yaşandığı sıradaki psikolojik sağlamlıkla ilişkilidir... Yıllar sonra geriye dönüp yaşanan olaya küçümseyerek, basitleştirerek bakmak, incinmişliğin yaşandığı sıradaki zayıflığı görmezden gelmektir... Çocukken pamuk ipliğine bağlı olan kalbimizdeki bağ, küçük bir dokunuşla koptu ise, yetişkinlik yıllarında bu küçük dokunuşu basit görmek bireyin kendisinden ne kadar uzaklaştığının bir göstergesidir... Empati, sadece ötekiyle kurulmaz, kişinin kendi çocukluğuyla empati kuramamış olması da bir duyarsızlık halidir...

Muhtemelen birçoğumuzun aklına "Mademki incinmişlik duygusu derinlerde kaldı o halde neden onu tekrar uyandıralım?" sorusu gelebilir.

Kitabın başında bahsettiğimiz affetmekle ilgili bilgileri yeniden hatırlarsak, incinmiş bir duygu hiçbir zaman yok olmaz... Sadece zihinle bağı kesilir, derinlerde kalır... Yıllar sonra o incinmişlik duygusuna benzeyen bir duygu yaşandığında içten içe huzursuzluk başlar... Hayatında her şey yolunda giden bir kişinin sürekli huzursuzluk hissetmesinin, bir türlü derin bir mutluluk yaşayamamasının sebeplerinden biri bilinçaltında biriken incinmelerdir... Birey bilinçaltının derinlerinde iz bırakan incinmişlik duygularını ve ona bağlı olan öfkelerini bırakmadıkça ruhsal özgürlüğünü elde edemez...

Bu nedenle, incinmişliğinizi yeniden hatırlamaktan korkmayın... Bastırmayın, yokmuş gibi yaşamaya çalışmayın...

UYGULAMA

İncinmiş duygularınıza erişmek için, hayalinizde o ana yeniden gidin...

O günü, **şimdi** yeniden yaşar gibi, o anın duyguları ile **burada** yaşayın.

5. ADIM
İNCİNMİŞLİĞİ HİSSET

Zihinsel çağrışımlarla uyandırılan incinmişlik duygusunun verdiği hisleri engelsizce yaşamak gerekir. Buna, '**yasını tutmak**' denir... Yasını tutmak; geçmişte yaşanması gerektiği halde yaşanmamış bir duygunun üzerindeki baskıyı kaldırıp o duygunun yaşanmasına izin vermektir...

Çocukken tokat yediği öğretmeninin karşısında hangi duyguyu yaşayacağını bilemeyip öylece kalakalan bir çocuğun yıllar sonra o ana gidip, sanki o çocuksu bedenin içerisine tekrar girip, ağlaması gerekiyorsa ağlaması, üzülmesi gerekiyorsa üzülmesi gibi, yaşanmış anın yaşanmamış duygusunu serbest bırakmasıdır...

Yası tutulmamış veya bir başka deyişle o an yaşanmamış olan duygu, bedendeki bir damarın tıkanıklığı gibidir... Nasıl binlerce damarın tıkanması ile beden hissizleşir, işlevini kaybederse, tıpkı bunun gibi, yaşanmasına izin verilmemiş bir duygu da sanki duyguların damarının tıkanmasına sebep olur... Ve böylesi kişiler kalbi taşlaşmış ve duygusal yeteneklerini kaybetmiş bireylere dönüşürler...

İşte bu gerçek, insanın neden affetmesi gerektiğinin en önemli gerekçesidir... Affetmek, bireyin tıkanmış duygularının açılıp ruhsal özgürlüğünü elde etmesidir.

"Aman, geldi geçti... Unuttum gitti... Ben onu Allah'a havale ettim..." gibi sözler bireyin tıkanmış duygularını yeniden işlevsel hale getirmez.

Tekrar etmek gerekirse, affetmek bireyin kendisinin ihtiyacı olan bir eylemdir... Affettiği kişinin ihtiyacı ise bağışlanmaktır.

Kartopu attığım kadın üzerime doğru gelirken içimde bir korku oluşmuştu... Kendimi kötü hissediyordum... Ancak kadının "Utanmıyor musun!" deyişi yaşadığım incinmişliği bastırmama da neden oluyordu... Sokak ortasında hangi duyguyu yaşayacağımı bilemiyordum... Bugün bir yetişkin olarak benzer şekilde incitilmiş bir çocuk görsem ona ilk sözüm, "Kendini sıkma, kalbini sıkma... Kendini bırak..." demek olurdu. Biliyorum, kendini bıraktığında kalbi daha çok acır, içinden ağlamak gelir... Bense ona "İçinden geldiği gibi ağla" demek isterdim... Sonra da "Bu kadının yaptığı doğru değil, kendini kötü hissetme" diye bilgi verirdim... Çocukken ağlaması gerekli olan yerde ağlayamamış, hatta ağlamaları "Ağlama!" diye bastırılarak durdurulmuş çocuklar, duygusal olarak engelli yetişkinlere dönüşürler.

Bu nedenle bir incinmişlik duygusuna erişilmek istendiğinde iki hissin izini sürmek gerekir. Bunlardan biri, incinme anının duygusuna erişmek, diğeri ise incinme sırasında engellenmiş duygunun devamını getirmektir...

UYGULAMA

Affetmek istediğiniz duygunun derinliğine erişebilmek için hazırladığınız sessiz ortamda, yere oturmuş bir halde, gözlerinizi kapatmış olarak zihninizde canlandırdığınız incinmişlik anının duygularına bugün, yetişkin halinizle erişmeye çalışın...

Bu duyguların zihinde canlanması ile kalbinizde uyanacak duygulara izin verin...

Bilinçaltı ile bilinç düzeyi arasında kopan bütünlüğünüzün onarılabilmesi için kendinize izin verin...

İncinmiş yaşamınızı zihninizde seyredin...

Seyrettiğiniz zihninizin uyandırdığı duyguları bu defa engelsizce yaşayın...

Ağlamaktan korkmayın bu defa... Yasınızı tutun, duygularınıza izin verin...

Kalbinize odaklanın...

Odaklandığınız kalbin, geçmişte bir çocuğun kalbi olduğunu hatırlayın...

Hatırlayın, bir pamuk ipliğine bağlı olan o hassas kalbinizin huzursuzluğunu hatırlayın...

Derinleşin...

Derinleşmekten korkmadan derinleşin...

Çocukluğunuzda terk ettiğiniz oyuncaklarınızı şaşkınca elinizde tutacak kadar derinleşin...

Seyredin...

Yıllar önce terk ettiğiniz çocuksu dünyanızı ilk defa ve yeniden keşfediyormuş gibi seyredin...

Çocukluğunuzun eşyalarına dokunarak seyredin...

Vardınız... bir zamanlar çocuk olarak vardınız... yürüdünüz mesela, yürümeyi yeni öğrendiğinizde, düşecek gibi yalpalayarak yürüdünüz... bu bir gerçekti... vardınız...

Yaşamı henüz bir çocuğun kalbinden seyredecek kadar ürkekçe vardınız...

Hatırlayın...

Hatırlayın... çocuksu kıyafetlerinize dokunun, hatırlayın...

Çorabınıza mesela...

Ayağınıza giydiğiniz çorabınıza dokunun...

Şimdi avucunuza küçük gelecek çorabınızı hatırlayın...

Ayakkabılarınızı hatırlayın...

O ayakkabıları giymiştiniz... Bu da gerçekti... vardınız yani... oradaydınız... yürüdünüz... düştünüz belki, eliniz acıdı...

Şaşkınca bakın ayaklarınıza...

Derinleşin...

Korkmayın...

Kalbiniz yumuşadıkça...

Burnunuz sızladıkça...

Duygularınızı bırakmaktan korkmayın...

Kendi yasınızı tutmaktan korkmayın...

Derinleşin...

Hissedin...

Kalbinizin ısındığını, sıcacık atmaya başladığını hissedin...

Pamuk ipliğine bağlı bir çocuk kalbinin kaygılarını hissedin, korkmayın...

Boşa geçmiş bir yaşam gibi hissedin...

Çocuksu derinlikten başlayın, incinmişliğinizi hissetmekten sakınmayın...

Hiç fark etmez... İsterse yetişkinlikteki bir incinmişlik olun, nasıl incindiğinizi ancak çocuksu kalbinizin sıcaklığına eriştiğinizde hissedeceksiniz...

İncine incine katılaşan kalbinizin yüzeyselliği içinde incinmişliğinizi bırakamayacağınızı bilin...

Bir çocuk kalbi ile yetişkinliğinizdeki incinmişliğinizi hissedin...

Odaklanın mesela...

Eşinizle arabada giderken incitilen kalbinize, yardıma ihtiyacınız olduğunu söylediğiniz eşiniz tarafından da reddedildiğinize odaklanın...

Kalbiniz ancak bir çocuk kalbi kadar yumuşayınca incinmişliğinizin gerçek acısını hissedebileceğinizi bilerek odaklanın...

İncinmişlik anınıza odaklanın... incitilen kalbinize...

Öfkenize...

Acıyan yanlarınıza...

Sızlayan burnunuza...

Kendinize duyacağınız şefkate odaklanın...

6. ADIM
İNCİNMİŞLİK DUYGUSUNU BIRAK

İncinmişlik sırasında bireyin kalbinde bir **huzursuzluk** oluşur.

Huzursuzluk, kalbin **kasılmasına** neden olur.

Huzursuzluğun kalp üzerinde oluşturduğu etkiye **somatizasyon**[6] denir.

Somatizasyon, bir **duygunun beden** üzerinde görülen etkisidir.

Yaşanan bir incinmişliğin daha iyi anlaşılabilmesi için somatizasyonu biraz daha yakından tanımaya ihtiyaç var.

---

6 'Soma' sözcüğü eski Yunan dilinde 'beden' anlamına gelir. 'Somatizasyon' ise en yalın ifadeyle; ruhsal sıkıntı ve gerilimlerin bedene yansımasıdır. Bedende bir sorun olduğu halde, bu sorunun fizyolojik kökeninin olmaması, duygusal ve psikolojik etkenlerin bedende görülmesi halidir. Somatizasyonun nedeni, kabul edilmek istenmeyen bir duygunun beden tarafından reddedilmesidir. Rahatsız edici bir duygunun içsel olarak inkârı, bastırılması ya da rasyonalize edilmeye çalışılmasının sonucu olarak ortaya çıkar [Kellner R (1990) *Somatization: Theories and Research.* J Nerv Ment Dis, 178].
Somatizasyona neden olan en belirgin duygu 'kaygı'dır. Yapılan araştırmalarda bastırılmış öfkenin de somatizasyon gelişiminde rol oynadığı görülmüştür. [Koh KB (2003) *Anger and Somatization.* J Psychosom Res, 55].
Koroner kalp hastalarında öfkeyi bastırmanın görülmesi, duygular ve somatik semptomlar arasındaki ilişkiyi ortaya koymaktadır. [Denollet J, Gidron Y, Vrints CJ, Conraads V. M (2010) *Anger, Suppressed Anger, and Risk of Adverse Events in Patients with Coronary Artery Disease.* Am J Cardiol, 105]

Elle tutulamayan, gözle görülemeyen soyut bir kavram olmasına rağmen, duygunun beden üzerinde baskın bir etkisi vardır...

Birçok bedensel rahatsızlığın sebebi, maruz kalınan kötü duygulardır.

Yaşadığımız her olumsuz duygu, farkına varmasak da bedenimiz üzerinde kasılmalara, gevşemelere, ağrılara neden olur. İşte soyut duygunun somut beden üzerinde oluşturduğu bu etkilere somatizasyon denir...

Bir kötü hissetmenin **somatik** olarak ilk yansıdığı yer **kalptir...**

Kalbim kırıldı... Kalbim acıdı... Kalbim ağrıdı... Kalbim sıkıştı gibi tanımların nedeni budur...

Yaşanan huzursuzluk, önce kalpte ince bir acıyla birlikte **kasılmaya** neden olur. Kalpte oluşan bu kasılma bırakılmazsa, bir süre sonra bütün bedene yayılır...[7]

Bilinçaltının, kötü hissetme ile oluşan kasılmayı bırakabilmesi için kendini **güvende** hissetmesi gerekir.

İşte yukarıdaki bölümlerde anlatılan, bireyin incittiği kişiden özür dilemesi, af rica etmesi, incinen

7 Beden üzerindeki bu kasılmaların en sık görüldüğü yerler, diş sıkmalarıdır. Çene kasının kasılması, ayak parmaklarının kasılması, omuzların sürekli kasılmış ve yukarı kalkık bir vaziyette kalması kalpte yaşanan kasılmanın bedene yansımasıdır.

kişinin kendini **güvende** hissederek içindeki bu 'somatik kasılmayı bırakabilmesi' için gereklidir.

Birey incittiği kişiden kendisine yönelik öfkenin bırakılmasını rica etmemiş, yani kendisini affettirmemiş veya ona kendini yeniden güvende hissettirecek bir davranışta bulunmamış ise, kalpteki kasılma bir sızı gibi bilinçaltında varlığını sürdürür. Affetmek tam da burada gereklidir... Birey bu huzursuzluk hissi ile kalbinde oluşan kasılmayı bugün artık kendi iradesi ile bırakmak zorundadır...

Geçmişte yaşanan olay unutulsa bile, bilinçaltı kötü hissetmeyi unutmaz, tutar...

Kişinin kendi iradesi ile geçmişte yaşadığı **incinmişlik** duygusunu ve o duyguyu besleyen **öfkeyi**, bilinçaltının derinlerinde bulup yıllardır kalbinde bir türlü bırakmadığı o **kasılmayı** bugün bırakması kendi ruhsal özgürlüğü için bir gerekliliktir.

İşte affetmek, bireyin geçmişte incitildiği sırada kalbinde oluşan ve inciten kişinin af dilemeden öylece kasılmış bıraktığı kalbinin acısını, sıkışmışlığını, bilinçaltında bulup bugün bırakmaya çalışmasıdır.

UYGULAMA

Yukarıdaki ilk 5 adımın devamı olarak, oluşturduğunuz doğru zaman ve sessiz ortam içerisinde, oturduğunuz yerde gözlerinizi kapatmış olarak affetmek istediğiniz kişiyi zihninizde canlandırın...

Seyredin onu...

Sizi nasıl da incittiğini seyredin...

Bunu **gerçek zaman**[8] içerisinde seyredin...

İncinmişliğinizi hissetmemek için kendinizi nasıl da bastırdığınızı seyredin...

Yokmuş gibi yaptığınızı...

Kendinizi suçladığınızı...

Kalbinizin acısını normal sanışınızı...

Seyredin...

Hangi söze incindiğinizi seyredin...

Kalbinize odaklanın, kalbinizde o sözleri tekrar ederek o sözlerin acısını duyarak seyredin...

İncinmişliği oluşturan sözün kalbinize dokunmasına izin verin...

Bu sefer sakınmayın kalbinizi...

Acımasına izin verin...

Bastırmayın...

Yokmuş gibi yapmayın...

Sakınmayın kalbinizi...

---

8 Bir saati 60 dakika ve bir dakikayı 60 saniyede yaşamaya gerçek zaman içerisinde yaşamak denir. Geçmiş hatıralar zihinde gerçek zamanın dışında bir başka zaman ile canlandırıldığında o anıların duyguları doğru olarak hissedilemez. 10 dakika boyunca yaşanan bir incinmişliği 1 dakika içinde zihinden hızla geçirmek, gerçek zamanın dışında canlandırmak olur ki böylesi bir durum geçmişte yaşanan duygunun gerçekçi boyutta yeniden yaşanmasına olanak tanımaz.

Sakınmadığınızda nasıl da huzursuzlandığını seyredin...

Huzursuzluğun nasıl bir kötü his olduğunu hissedin...

Aşağılanmışlığınızı...

Suçlandığınızı...

Yetersiz hissettirildiğinizi...

Tüm bunları yaşamak zorunda olmadığınız halde yaşadığınızı fark edin...

1- Bilinç Düzeyinde Bırakın: Anlamını Değiştirin

Bu aşamada incinmişliği oluşturan kişiyi bilinç düzeyinde bırakacaksınız...

Bunun için gözleriniz kapalı olarak aşağıdaki farkındalıkları zihninizde yeniden hatırlayın:

Bir incinmişliğin oluşturduğu huzursuzluğu bırakmanın affedeceğiniz kişiden çok, sizin **ruhsal özgürlüğünüze** katkı sağlayacağını hatırlayın...

Affetmenin bastırma, yok sayma, geçiştirme olmadığını, bunun bir tür ruhsal **öz-bakım** olduğunu fark edin...

Affedeceğiniz kişiyi **bağışlamak** zorunda olmadığınızı...

Affettiğinizde sizi inciten kişiyi duygularınıza ancak sizi incitmeyecek kadar yakınlaştırabileceğinizi, **tercihin size** ait olduğunu fark edin...

Savunmasız olduğunuz sırada incinmiş olabilirsiniz...

Artık farkındasınız...

Farkındalığınız sizi korur...

Artık korkmayın...

Bilinçaltınızın korumasına ihtiyacınız olmadığını, farkındalığınızın sizi koruyabileceğini hissedin...

Kendinizi özgürleştirmeye hazır hissediyorsanız, sizi inciten kişinin zihninizdeki anlamını değiştirin...

Onu sıradanlaştırın...

İncinmenin derinliğinin bireye yüklediğiniz anlamla doğru orantılı olduğunu fark ederek onu sıradanlaştırın...

Sıradanlaştırmadığınız kişiyi zihninizde bir yük olarak taşıdığınızı hissedin...

Affedeceğiniz kişiyi sıradanlaştırın...

Onu bir sıradanlık içinde kendi yaşamına bırakın...

2- Duygu Düzeyinde Bırakın: Kalbinizi Gevşetin

Bilinç düzeyinde affederek sıradanlaştırdığınız, sizi inciten kişiyi serbest bıraktığınız gibi şimdi de kendinizi kalbinizde incinmişlikle oluşan kasılmayı bırakmaya hazırlayın...

İncinmişlik anında hissettiklerinize odaklanın...

Gözleriniz kapalı, kalbinize odaklanmış bir halde, incinmişlikle huzursuzlanan kalbinizi yeniden hissedin...

İncindiğiniz sırada kendinizi nasıl da kötü hissettiğinizi hissedin...

O kötü hissin hâlâ size nasıl da tanıdık geldiğini fark edin...

Bekleyin bir süre...

İncinmişliğiniz içinde bekleyin...

Şimdi affetme zamanı...

İncinirken hissettiğiniz kötü histen kurtulma, özgürleşme zamanı...

Kalbinize derince odaklanın...

Nasıl kasıldığını hissedin...

Şimdi, kasılan kalbinizi gevşetmeye çalışın...

Kalbinizi usulca bırakın, gevşesin...

İçinizdeki kötü hissin kalbinizi kasmak istemesine rağmen, kalbinizi hafifçe gevşetin...

Bırakın kalbinizi...

Usulca bırakın...

Kalbiniz huzursuzluk içinde kasılmaya yönelirken, siz gözleriniz kapalı olduğu halde odaklandığınız kalbinizi usulca serbest bırakın...

Huzursuzluk sırasında somatik kasılmalar yaşamış kalbinizi bırakarak özgürleştirmek için, tüm kötü hissetmelere rağmen usulca serbest bırakın...

Bir boşluğun içerisinde sallanan sarkaç gibi bırakın...

Sıkmayın kalbinizi...[9]

Gevşetin...

Kalbinizi incinmişliğin acısına bırakın...

Kaçmayın acıdan...

Acının acıtmadığını fark ederek bırakın usulca kalbinizi...

Kalbinizi bırakırken, affedeceğiniz kişiyi de serbest bırakın...

Duyduğunuz öfkeyi bırakın...

Öfkenin duygularınıza bir yük olduğunu hissedin... bırakın...

İncinmişliğinizi bırakın...

İncinmişliğinizin kalbinizi acıttığını, sizi hassaslaştırdığını hissedin... bırakın...

Bıraktıkça özgürleştiğinizi hissederek kalbinizi serbest bırakın...

9 Günlük yaşamda yaygınca kullanılan **'canını sıkma'** deyimi basit düzeyde bir 'moralini bozma' tavsiyesi değildir. Can, kalptir. Canın sıkılması, kalbin sıkılmasıdır. Bir huzursuzluk sırasında verilen **'canını sıkma'** tavsiyesi, kalbini sıkma tavsiyesidir... Kalbini sıkma, serbest bırak tavsiyesi...

7. ADIM
BAĞIŞLA

Bir önceki adımda incinmişliğinizi neden bırakmanız gerektiğini fark ederek inciten kişiyi zihnen serbest bıraktınız...

İncinmişliğin duygularınızda somatik olarak nasıl da kasılmalar oluşturduğunu bir duygusal farkındalık içerisinde keşfedip kalbinizi serbest bıraktınız...

Tüm bu çabalarınız sırasında **iç sesleriniz** ortaya çıkabilir... Neden affetmeniz gerektiğini kabullenemeyen bir bilinçaltı çatışması yaşayabilirsiniz...

İç seslerle ilgili ayrıntılar bir sonraki bölümde, '**Kendini Affetmek**' başlığı altında ele alınacaktır... Bu noktada uyanmış olan iç sesleriniz varsa kitabın o bölümüne göz atmanızda fayda var...

Eğer buraya kadar olan kısmı başarı ile tamamladıysanız şimdi durup bir karar verme zamanı...

"Affettiğim kişiyi bağışlamak istiyor muyum?" diye sorun kendinize...

Affetmek ile incinmişliğin öfkesini bırakmaya çalıştınız... Bu sizin için gerekli idi...

Affettiğiniz kişi ile yeniden yakın olmak istiyorsanız onu **bağışlamanız** da gerekecektir... Aksi takdirde 'iki yüzlü' bir ilişki içinde yaşam sürmek zorundasınız...

Bağışlamadığınız kişi ile 'yakınmış gibi' davranmak kendinize olan saygınızı zedeler...

Bu yüzden bir tercihte bulunun...

Affettiğiniz kişiyi bağışlayabilmeniz için temel şart, affettiğiniz kişinin sizi yeniden incitmeyecek bir farkındalığa sahip olmasıdır...

Bu farkındalığa sahip olmayan bir kişiyi bağışlamanız yeniden incinmenize sebep olur...

Farkındalığı olmayan bir kişiyle yapacağınız şey, duygusal olarak kendinizi korumanızdır...

Buna bağ kurmadan ilişki kurmak denilir...

Eğer bu kişi duygusal bağınız olan bir yakınınızsa onunla konuşmayı tercih edin...

Onu affettiğinizi söyleyin...

Yeniden incinmek istemediğinizden bahsedin...

Yeni bir başlangıç yapmak için adım atmayı deneyin...

Tüm bunlara rağmen duygusal yakınınız olan kişi sizi incitmeye devam edecekse aşağıdaki seçeneklerden hangisinin size uygun olduğunu düşünerek tercihinizi yapın...

1- İnciten Kişi İncinmiştir

Sizi inciten kişi mutlaka geçmişte bir başkası tarafından incitilmiştir...

İncinmişlik, bireyi hassaslaştırır... Psikolojik sağlamlığını bozar... Farkındalığını düşürür...

İncinen kişiden başkasını incitmemesi beklenirken bunun tam tersi gerçekleşir... Geçmişte incinen kişi incinmişliğin hassasiyetiyle çevresine zarar verir...

İncindiğiniz duygusal yakınınızın kendisinin de incinmiş bir çocuk olduğunu fark edin...

Onun incitici davranışlarının her birinin geçmişte incinmiş olan kalbinin hassaslığından kaynaklandığını görün...

Ona öfkeyle değil şefkatle bakın...

Var olma çabasını, değerli hissetme ihtiyacını fark edin...

Sizin bu farkındalığınız onda yoksa, onu bağışlayabilmeniz için çocukluğuna şefkat duymanız gerekir. İncimişliğini bilmediğiniz kişiyi bağışlayamazsınız...

Böylesi bir durumda, o kişinin düşük farkındalıkla size yeniden yeniden zarar vermemesi için onu **bağışlayın** fakat iletişiminizi **sıradanlaştırın**, derinlikli konular üzerinde konuşmayın ya da görüşme sıklığınızı incinmeyeceğiniz kadar azaltın... Bunu adım adım yapın...

Bağışlanan kişi ile yeniden bağ kurulabilir, ancak kurulan bağ zarara uğramamak üzere farkındalıklı bir bağdır... Bağışlanan kişiye kalpte yer verilir, kalp açılır ancak açılan kalbin yeniden zarar görmemesi için dikkat edilir...

2- İnciterek Kendini Savunmaktadır

İncitilerek büyümüş bir kişiye şefkat duymak gerekir, bu doğru... Ancak incindiği halde farkındalığı olmayan kişiler belirli bir zaman sonra incinmelerinin acısı ile duyarlılıklarını kaybeder ve duyarsızlaşırlar...

Böylesi kişilerin hem farkındalığı düşüktür hem duyarlılığı kaybolmuştur... Acı verir ancak verdiği acıyı duymaz... Empati kuramaz... Eşduyum yapamaz...

Böylesi kişilerin anlamlandırması da bozuk olduğu için kendilerini sürekli tehdit altında hissederler... Savunucu yanları vardır... Kendilerini savunurken karşılarındaki kişiyi incitmekten çekinmezler...

Böylesi kişiler bir süre sonra karşısındaki kişiyi acıttıkça kendini güvende hissetmeye başlar... Girdikleri mücadelelerden acı duymadan çıkmayı yetenek haline getirirler...

Acıtmak onların kendilerini güvende hissettikleri, karşılarındaki kişiyi bir daha kendilerine zarar veremeyecek hale getirdikleri bir araçtır... Bu araç onları korunaklı kılar...

Acıtmaktan korkutarak kendini güçlendirmiş kişi, bir süre sonra karşısındaki kişilerin kendisinden sakınmasından keyif alır...

İncittiği kişilerin savunmasızlığı karşısında kendini iyi hisseder... güvende hisseder... değerli hisseder...

Farkındalığı düşük, nasıl acı verdiğini keşfedemeyen ve incittiği kişinin incinmişliğini hissedemeyen bir kişinin bağışlanması, bağışlayan kişiye zarar verir...

Böyle bir kişi affedilebilir fakat **bağışlanması** oldukça zordur...

Bağışlanmamış kişiyle bağ kurulmaz, kalp açılmaz... Küsülmez ancak duygusal yakınlık da kurulmaz...

UYGULAMA

Affedilen kişi aynı zamanda bağışlanacaksa incitmenin kasıtlı olmadığından ve sürekli tekrar edilmeyeceğinden emin olunmalıdır...

Bunun için bağışlayacağınız kişiyi masumiyeti ile birlikte zihninizde canlandırın...

Öfkesini yenemediğini...

Sizi incitirken kendisinin de incindiğini...

Yaşamın insanlara ağır bir yük getirdiğini... bu ağır yükün kimi zaman incinmelere ve kırılmalara sebep olduğunu... size yönelik bir kastının olmadığını...

Her şeyin yeniden başlayabileceğini... ve bunu yapabileceğinizi düşünün...

Onu, sizi incittiği davranışı ile değil size özenli davranabileceği yanları ile görmeye çalışın...

İncinmişliğiniz onun bir öfkesine denk geldiyse; öfkenin insanın düşünme yeteneğini zayıflattığını ve söylediği sözlerin öfke anında sarf edildiğini hissedin...

İncinmişliğiniz, onun bir hatasından kaynaklandıysa kasıt olmadıktan sonra hataların bağışlanabileceğini hissedin...

İyi zamanlarınızı düşünün...

Sevilebilecek yanlarını...

Bağışladığınızda size de iyi gelecek rahatlığı...

Bağışlamanın vereceği hafifliği, o yükü taşımanın ya da vazgeçmenin vereceği ağırlığa tercih edin...

Bağışlamanın gücünü...

Bağışlayarak yeniden kurulan bağın insanı büyütüp olgunlaştırdığını...

Bağışlayacağınız kişiye zihninizde tebessüm edin...

Zihninizde ona mütebessim bir sima ile seslenin: "Seni bağışlıyorum..."

Bir kez daha seslenin: "Tüm hatalarına rağmen seni affettim ve bağışlıyorum..."

İncinmişliğinizi bırakın...

Öfkenizi bırakın...

Ona tekrar seslenin: "Seni bağışladım."

- 3. BÖLÜM -

kendini affetmek

KENDİNİ AFFETMEK

Kitabın buraya kadar olan bölümünde **affetme** üzerinde duruldu...

Kendimiz dışında birini affetmeyi anlamak kolaydır, çünkü affedilecek kişi belirgindir... Bizi kırmıştır, incitmiştir, üzmüştür, zarar vermiştir; suçludur yani...

Bu nedenle bir kişiye "Seni incitmiş şu kişiyi affeder misin?" diye sorduğumuzda, ne demek istediğimizi anlar, boşlukta kalmaz...

Ancak bu soruyu değiştirerek "Kendini affetmek ister misin?" diye sorduğumuzda, kişi bir boşluğa düşer... "Nasıl yani?" diye anlamaya çalışılır... "**Kendini affetmek** ne demek?" diye bir **anlam arayışına** yönelir...

Affedilecek kişi bireyin kendisi olunca ve kendisi tarafından affedilmeye yönelince, zihin karışır, hangi duyguyu yaşayacağını bilemez... Birey bir yanlış davranışta bulunmuşsa onu affedecek kişi ancak o davranıştan zarar görmüş kişi olabilir diye düşünür...

Peki kişi, suçlu olmadığı halde kendini suçlu hissetmiş (veya hissettirilmiş) ise ve bilinçaltının derinlerinde suçluluk duygusu taşıyorsa ona suçlu olmadığını kim söyleyecek, onu kim affedecektir?

Hele ki çocukluk döneminde suçlu hissettirildiyse; o en masum dönemde, henüz neyin doğru neyin yanlış olduğunu bilmediği o en saf dönemde yetişkinler ona kendini suçlu hissettirmişler ve çocuk bunu normal bir şey olarak yaşarken bilinçaltının derinlerine suçluluk duygusunun işlendiğini dahi bilmeden o duyguyu edinmişse suçlu olmadığını ona kim söyleyecek, kim "Kendini kötü hissetme..." diye seslenecektir?

Bunu yapabilecek bir tek kişi vardır; o da bireyin kendisidir...

İşte **kendini affetmek; bireyin geçmişte hissettiği ve bilinçaltının derinlerinde yatan suçluluk duygularını bırakıp kötü hissetmelerden kurtulması halidir.**

Yanlış ahlak öğretileri, bireyin affedilebilmesi için ağır bir suçluluk duygusu içinde yaşamasını erdemlilik olarak sunar... Buna göre birey kendini ne kadar suçlu hisseder ve suçluluk duygusunun ağır yükünü ne kadar yaşarsa affedilmeye o kadar layık olduğunu düşünür... Ve bu ağır duyguları yaşayan bireyin bir daha benzer yanlış davranışları yapmayacağına inanılır...

Halbuki, psikolojik gerçek, bunun tam aksini ortaya koymaktadır... Birey, bir yanlış davranıştan sonra kendini ne kadar suçlarsa psikolojik olarak o kadar zayıflar. Ve içine düştüğü psikolojik zayıflık, bireyi benzer davranışları yapma kısır döngüsüne sokar... Yanlıştan çıkmak için kullanacağı gücü ve enerjiyi kaybeder...

Oysa kişinin bir yanlış davranıştan kurtulabilmek için duygusal güçlülüğe ihtiyacı vardır... Suçlanarak doğruya erişileceği ve yanlıştan vazgeçileceği inancı insan doğasına aykırıdır... İnsan, kendini ferah hissettikçe, değerli ve psikolojik olarak sağlam hissettikçe yanlış davranıştan kurtulma gücünü kendinde bulur...

Bir danışanım, kendini affetme süreci (suçluluk duygusunu bırakma) içindeyken şu hatırasını paylaşmıştı.

"Henüz ilkokul birinci sınıfa gidiyordum. Annem bana 62 sayısından tavşan yapmayı öğretmişti. Ertesi gün okula gittiğimde arkadaşıma sürpriz yapmak istedim. Onu sevindirecektim. Herkes teneffüse çıktığında arkadaşımın defterini aldım, çok özenerek 62'den tavşan yapmaya çalıştım. Uğraştım ama tam beceremedim. Güzel olsun diye silip tekrar yapmak istedim. Tam o sırada arkadaşım geldi, defterine yazı yazdığımı görünce 'Benim defterimi niye karalıyorsun?' diyerek elimden defterini çekti. Defter yırtıldı. Arkadaşım ağlamaya başladı. Defterini yere attı, daha çok ağlamaya başladı. Ağlama sesine öğretmen geldi, ne olduğunu sordu, arkadaşlarım, 'Öğretmenim, bu çocuk arkadaşımızın defterini yırttı...' diye bağırdılar. Ben, 'Yırtmadım, tavşan yapacaktım...' dedim. Öğretmen, 'Sen ne kötü bir çocuksun... çık dışarı tavşan akıllı...' diye kızdı bana. Ben dışarı çıkarken öğretmenim arkadaşımın saçını okşuyor, ona ağlamamasını söylüyordu. İçim çok kötü oldu. Öğretmenim bana inanmamıştı. Eve gittiğimde hemen yatmak istedim. Annem ne olduğunu sordu, söylemedim... Bugün olmuş hâlâ da anlatmadım anneme o gün neden erken yattığımı... Biliyorum anlatsam o da bana kızacak, 'Sana bir daha bir şey öğretmeyeceğim...' diyecekti... O öğretmen ilkokul bitene kadar dersimize girdi. Belki bu olayı unuttu gitti ama ben yıllarca o öğretmenin gözünde hep arkadaşının defterini yırtan birisi olarak göründüğümü düşündüm..."

Çocuksu bir hevesle arkadaşının defterine tavşan çizmeye çalışan çocuğun dört yıl boyunca öğretmenden aldığı his suçluluk hissi idi...

Bu, dört yıl değil, bütün bir yaşam boyunca anne babasından gördüğü muamele ise... Her davranışı eleştirilmiş ve suçlanmış ise... Bu çocuğun ona "Sen kötü değilsin... Suçlu da değilsin... Kendini iyi hisset" diyecek birine ihtiyacı vardır...

Ancak bu her zaman kolay olmayacaktır. **Zira suçluluk duygusu fark edilmesi en zor duygudur. Normallik içinde gizlenebilen tek anormal duygudur.**

Suçluluk duygusunun fark edilmesi iki sebepten dolayı zordur.

Birincisi; birçok kişi çocukluğun çok erken dönemlerinden itibaren suçluluk duygusu yaşamaya başlamıştır. Böylesi kişiler için suçluluk bir **hazırbulunuşluk duygusu**[10] gibidir. Onlar, küçük yaşlarda bile suçluluk duygusu yaşadıkları için bu kötü hissediş kişiliklerinin bir parçası haline gelmiş gibidir.

Henüz 3 yaşındayken annesinin sözünü dinlemediği için, "Hep beni üzüyorsun" diye suçlanan bir çocuğun ileride, yetişkinlik yıllarında bilinçaltının derinlerinde yatan suçluluk duygusunu bulup çıkarması oldukça zordur ama imkânsız değildir.

Çocuğunu "Beni üzüyorsun" diye suçlayan birçok anne baba bunun yanlış bir tutum olduğunu bilmez... Hatta bunun işe yaradığını bile düşünür. Böylece çocuğunun kendisini daha çok dinlediğine inanır. Ancak bu kötü hissin adının **suçluluk duygusu** olduğunu ve çocuğunun **ben algısını**[11] değiştirdiğini fark etmez... Üç yaşında annesini üzmenin sorumluluğunu yüklenmiş bir çocuğun, otuzlu yaşlara geldiğinde kalbindeki ağrının sebebini fark etmesi artık oldukça zordur. Kalbinde huzursuzluktan başka bir duygu tatmamış bir kişinin, bu duyguyu tanıyıp bırakması oldukça zordur. Çocukluk yıllarında suçluluk duygusu çok daha kolay fark edilir. Suçluluk

10 Hazırbulunuşluk duygusu: Çocuğun dünyaya geldiği ilk anda kendi doğasının gereği var olan duyguları. Çocuğun kendi mizacına ait duyguları.

11 Ben algısı: Kişinin kendini nasıl biri olarak algıladığı.

duygusunu ilk defa yaşayan bir çocuğun yüzü sanki simsiyah olur; kötü his onu felç geçirmiş gibi yerinden kımıldayamaz hale sokar. Suçluluk duygusunun ağırlığı çocuğa uyku hali verir. Çocuk ancak uyuyarak bu ağır duyguyu atlatmaya yönelir. Yetişkinin çocuğu suçlayıcı tutumunun haricinde, çocuğun doğası zaten suçluluk hissetmeye çok yatkındır. Çocuk, yetişkinin kendisinden daha iyi bildiğini, her şeyi bildiğini, yetişkinin her söylediğinin doğru olduğunu zanneder... Bu nedenledir ki sürekli ona yaşamla ilgili sorular sorar... Kuşların nasıl uçtuğunu, yağmurun nasıl yağdığını, akşamın nasıl olduğunu sorar... Aldığı cevapları doğru kabul eder... Yetişkin biri ona "Sen ne yaramaz bir çocuksun" derse, onu da doğru kabul eder... "Anneni hep üzüyorsun" denildiyse bunu da doğru kabul eder... Bundan dolayıdır ki, çocukla iletişim kuran yetişkinin onunla kendini kötü hissettirmeyecek şekilde konuşması, en azından basit düzeyde çocukla iletişimi öğrenmiş olması beklenir... Çocukla nasıl konuşulacağını henüz öğrenmemiş bir yetişkin kimi zaman şaka ile, kimi zaman eğlence olsun diye, kimi zaman da onu terbiye etmek için çocuğun kendiyle barışıklığına zarar verir... Ve çocuk yetişkinden işittiği sözü doğru kabul eder, içselleştirir...

Yetişkin bir kişiyle arasındaki çıkan her çatışmada kendini haksız zanneder, yetişkini aklar, kendini suçlar...

Örneğin bir baba çocuklarının birbirleriyle çatışması sırasında sinirlenip onlara bağırsa, öfkesini yönetemeyip çocuklarını kollarından tutup odaya kapatsa ve babalarının şiddetine maruz kalan çocuklara, "Babanız size niye kızdı?" diye sorulsa çocuklar, "Çünkü babamızı kızdırdık" şeklinde kendilerini suçlayıcı bir cevap verirler. Çocukluk çağında hiçbir çocuk böyle bir durum karşısında "Çünkü babam öfkesini yönetemediği için bize kızdı, vurdu" diyebilecek güçte değildir... Çünkü çocuk kendini suçlamaya yatkındır...

Sınıfta gürültü yapan öğrencilerine sinirlenen bir öğretmenin bütün öğrencilerine öfkeyle bağırıp çağırması, onları aşağılayıp küçük düşürmesi karşısında her bir öğrenciye tek tek, "Öğretmeniniz neden bağırıyor?" diye sorsak, alacağımız cevap benzer olacaktır: "Sınıfta gürültü yaptık, o yüzden öğretmenimiz bağırdı." Hiçbir öğrenci, öğretmeninin bir öfke problemi olduğu veya pedagojik açıdan yetersiz olduğu cevabını vermeyecektir... Çünkü çocuk kendini suçlamaya yatkındır...

Bu nedenle, yetişkinler çocuğa kendini kötü hissettirecek bir davranışta bulundularsa hemen ardından çocuğun kendini suçlu hissetmemesi için doğru bilgi vermelidirler. Yetişkin, çocuktan özür dilemeyi bilmeli, onun kendini suçlamaya yatkın yanını suiistimal etmemelidir...

İşte çocukluktan bu yana farklı şekillerde kendini suçlu hissetmiş ve uğradığı haksızlığın gerçek sebebini hiçbir zaman yetişkinden öğrenememiş bir kişinin bilinçaltının derinlerindeki suçluluk duygusunu hissetmesi oldukça zordur...

Böylesi bir kişi, maruz kaldığı kötü muamelelerin hepsini hak ettiğini düşünerek çocukluğunun olumsuz duygularını bilinçaltının derinlerine hapsedecektir... Yetişkinlikte çocukluk hatıralarını bilinç düzeyinde hatırlasa da yaşadığı duyguları hatırlayamayacaktır... Bu kişiler, keyifli ve eğlenceli bir çocukluk geçirdiklerini anlatırlar... Öğretmenlerini nasıl kızdırdıklarını, anne babalarını nasıl çileden çıkarttıklarını keyifli geçen çocukluk anıları olarak paylaşırlar... Peki ya o anıların duyguları? Böylesi kişilerin anıları bilinç düzeyinde olsa da, duyguları bilinçaltının derinlerinde saklıdır...

Bir danışanım, oturdukları apartmandaki komşuları ile haftada bir gün bir araya gelip Kur'an okuduklarını, iyilik ve güzelliklerden bahsettiklerini söyledi ve şöyle devam etti:

"Binadaki komşularımızla ne zaman bir araya gelinip güzel sohbetler yapılsa, iyilik ve güzelliklerden bahsedilse, içimden bir ses benim buraya layık olmadığımı söylüyor, iyi biri olmadığımı, rol yaptığımı hissettiriyor" demişti.

Çocukken neredeyse her davranışı eleştirilmiş, kendisini anne babasına bir türlü beğendirememiş bir çocuğun yetişkinlikte arkadaşlarının kendisini benimseyeceğine inandığını düşünmek anlamsızdır...

Çocuk yaptığı hatalardan ötürü bir de 'kötü evlat' olarak reddedildiyse, böylesi bir çocuğun yetişkinlikte arkadaşlarının içinde kendini 'iyi biri' olarak hissetmesi neredeyse imkânsızdır.

Suçluluk duygusunun en kalıcı iz bırakanı inanç ve ahlak değerleriyle suçlu hissettirilmektir.

Halbuki inanç eğitiminin temelinde 'affedici bir Yaratıcı' vurgusu vardır. Bu, aynı zamanda çocuğun suçluluk duygusu edinmemesi için bir gerekliliktir. Çocuğun kendini suçlu hissedeceği her durumda, Yaratıcı tarafından affedileceğini bilmesi, kendini inanç ile güvende hissettirir. Birçok anne baba çocuklarına inanç ve ahlak öğretilerini erken yaşta kazandırırken, beraberinde suçluluk duygusu kazandırdıklarını da bilmezler...

Ben çocukken gittiğim camide, işittiğim "Müslüman, sabah namazına kalkamadığında utancından yerin dibine girmiyorsa, o sabahı kendine zehretmiyor, akşama kadar gülmeyi kendine haram etmiyorsa... 'Namazımı kaçırmaktansa yerin dibine girseydim daha iyiydi' diye gözyaşı dökmüyorsa kendi imanından şüphe etmelidir..." sözünün tesirinden yıllarca kurtulamadım... Yıllarca kendimi bir suçlu, bir günahkâr gibi hissettim... Halbuki ben ne kötü birisiydim ne de yerin dibine girecek kadar suçlu... Çocuktum... Bunu haykıran kişiden daha günahsız bir çocuk... Bu hissettiğim duyguyu bırakmak yıllarımı aldı... Yıllar sonra bir gün, içimde derinleşip, **ben algımı** bozan bu sözün söylendiği ana gidip, çocuksu halime şefkat gösterip kendime seslendim: "Bu söz doğru değil... Sen günahkâr değilsin... suçlu da değilsin... kendini iyi hisset..." diyerek çocuksu saflığımın üzerine yapışan suçluluk duygusunu bıraktım...

Suçluluk duygusunun fark edilmesinin ikinci zorluğu; suçluluk hissinin bireyi genellikle **erdemli davranışlar** yapmaya yönlendirmesidir...

Oldukça karmaşık olan bu konuyu hassas bir derinlikte tarif etmeye çalışacağım...

Şöyle ki; ben piknik alanında ağaç dallarını koparan çocuğu gördüğümde rahatsız oldum, **kendimi kötü hissettim**. Bu kötü hissin sebebi, bilinçaltımın derinlerinde yatan **suçluluk duygusu** idi. Hissettiğim suçluluk duygusu beni 'görünürde' **erdemli bir davranışa**; dalları koparan çocuğu durdurmaya **zorluyordu**. Ben bir davranışa itiliyor, zorlanıyordum...

İşte buna **zorlantı** diyoruz...

ZORLANTI

Zorlantı, bireyi bir davranışı yapmaya **zorunlu** kılan 'iç daralmasıdır.'

Bilinçaltının derinlerinde yatan **kötü bir hissin**, bir dürtüyle uyanması ve bireyi **bir davranışı yapmaya mecbur hale getirmesidir...**

Kişi, uyanan bu kötü hissin yönlendirdiği davranışı yapmazsa iç daralmaları artar...

Zorlantılar genellikle bireyi **erdemli davranışlar** yapmaya yönlendirdiği için bilinç düzeyinde fark edilmeleri oldukça zordur...

Benim piknik alanında yaşadığım zorlantı şu şekilde idi: Çocuk dal kırdıkça, kendimi kötü hissediyordum... Bu kötü his, beni dal kıran çocuğu durdurmaya **zorluyordu**. Dal kırmak yanlış bir davranıştır bu doğru, bir yetişkin olarak benim bu yanlış davranışı düzeltmem gerekir, bu da doğru... Ancak o an ben, bu yanlış davranışı düzeltmeyi iyilik halimle değil, içimde uyanan bir kötü hissin zorlamasıyla yapıyordum...

Dal kırmak yanlış bir davranış olduğu için ve dal kırmayı durdurmak da **erdemli bir davranış** olduğu için, bugüne kadar içimde uyanan bu ve benzeri kötü hislerin ne olduğunu sorgulamaya dahi ihtiyaç duymamıştım... Bu nedenle bilinçaltıma "İçimdeki bu kötü his nedir?" diye sorduğumda yüzeysel bir cevap almıştım. "Çocuk dalları kırıyor, tabi ki kendini kötü hissedeceksin..." Oysaki ben '**neden**' kendimi kötü hissettiğimi değil, içimdeki kötü hissin '**ne**' olduğunu öğrenmek istiyordum. İşte o kötü his, **suçluluk hissi** idi; keşfedilmesi en zor olan his...

Bana kendimi kötü hissettiren şey, çocuğun dal kırması değil, dal kıran çocuğu gördüğüm halde engellemezsem, sanki hayali bir yerden, "Çocuk dalları kırıyor, görmüyor musun?" diye **azarlanacağımın** huzursuzluğu idi... Beni çocuğu durdurmaya yönlendiren kötü his; sorumluluğumu yerine getirmezsem azarlanacağım, suçlanacağım hissi idi... Bu suçlama, o an, o ortamda birinin beni suçlayacak olması değil, bilmediğim bir yerden bir sesin beni azarlayacak olması gibi bir histi. İşte ben içimdeki bu kötü hissin **tesiri** ile çocuğu durdurmaya yöneliyordum. Bu **zorunlu** yönelişe; **zorlantı** diyoruz; bireyi bir davranışı yapmaya **mecbur hissettiren** 'iç daralmaları...'

Bütün bunlar bilinçaltı düzeyinde yaşanırken, bense bilinç düzeyinde, içimdeki huzursuzluğun kaynağının çocuğun dal kırması olduğuna yönlendiriliyordum. Bu yöneliş o kadar doğal bir akış içinde gerçekleşiyordu ki fark edilmesi neredeyse imkânsızdı... O anda biri bana, "Ne oldu, neden sinirlendin?" diye soracak olsa vereceğim cevap kuşkusuz, "Çocuk dalları kırıyor, onun için sinirlendim..." şeklinde olacaktı... Asla, "Çocuk dalları kırdıkça biri beni azarlayacakmış (suçlayacakmış) gibi kendimi kötü hissediyorum..." olmayacaktı.

Zorlantılar bilinçdışı davranışlarımızın kökenini oluşturur. Zorlantılardan kurtulmak, bilinçaltında bizi bir davranışı yapmaya zorlayan suçluluk duygusundan kurtulmak ve bilinçli yaşamın özgürlüğüne erişmek demektir.

Kendini affetme sürecindeki bir bireyin zorlantılar konusunda bilmesi gereken şey şudur; birey kendini affetmeye adım attığında, bilinçaltı kendi derinlerinde yatan suçluluk duygularını uyandırmamak için, bireyi **oyalanma davranışlarına** yönlendirir. Kitabın ilerleyen bölümlerinde anlatılacağı üzere birey **'suçluluk duygusunu bırakmaya'** çalıştığında, bilinçaltı bireyi enteresan bir şekilde kendini iyi hissedeceği durumlara **yönlendirir.** Çocukları ile anlık iyilikler yaşar, eşine karşı daha iyi olur, arkadaş ortamlarının keyfini daha çok alır, doğa, güneş, dünya ona anlık olarak daha iyi gelir... Birileri ile sohbet etmenin, çalışmanın, film izlemenin, gezmenin, hayata olumlu bakmanın anlık iyi oluşlarına yönelen birey kendini affetme sürecini sürekli **ertelemek zorunda** hisseder.

Bilinçaltının bireyin kendini affetme sürecini zorlantılar oluşturarak durdurmaya çalışmasının iki önemli nedeni vardır:

Bunlardan biri, affetme sürecinde yaşanacak derinliklerdir... Suçluluk duygusundan kurtulmaya çalışan birey aynı zamanda bilinçaltının derinlerindeki kötü hisleri de tanımaya adım atmaktadır. Kendi ile yüzleşmektedir... Kendi gerçeği, kendi geçmişi ile yüzleşmeye adım atmaktadır... Bilinçaltı ise çocukluktan bu yana kendini kötü hissettiği her durumu bastırmak için çaba harcamaktadır. Bilinçaltı bu bastırmalar ile yıllarca **kendilik dışında** bir kişilik geliştirmiştir. Bu kişiliğin bilinç düzeyindeki inancı, **kendini olumlayan, başkalarını suçlayandır.** Kendini olumlayan, başkasını suçlayan kişilik yapısı, kişiliği suçluluk duygusu ile gelişmiş bireylerin ortak özelliğidir. Böylesi kişiler, örneğin, çocukluğunun güzel olduğunu anlatır, sevgisizlik içinde büyüdüğünü anlatmaz... herkes için hep güzel şeyler düşündüğünden bahseder, incittiği kişilerden bahsetmez... anlaşılmadığından yakınır, kendini ifade edebilecek düzeyde bir gelişmişliğe sahip olmadığını duymak istemez... kıymetinin öldükten sonra anlaşılacağına inanır, kendisinden sonra da yaşamın devam edeceğini duymak istemez... Bilinçaltı yıllarca bastırdığı duygularla oluşturduğu kendilik dışı kişiliği yıkmak istemez; kendi yalın gerçeğinin acı vereceğini, kişiliğinin zarar göreceğini, savunmasız kalacağını hisseder...

Bilinçaltının bireyin affetme sürecini durdurmaya zorlamasının ikinci önemli nedeni ise yine bilinçaltının, bireyin kendini affettiğinde **erdemli davranışları** da kaybedeceği kaygısını yaşamasındandır.

Erdemli davranışların, kötü hissettirilerek kazandırıldığı kişiler içlerindeki bu kötü hissetmeleri bıraktıklarında erdemli davranışları da bırakacaklarını zannederler.

Örneğin sokaktaki bir dilenciye para vermeden geçen bir kişi kendini kötü hissediyor ve 'Ona yardım etmezsem başıma kötü bir iş gelir...' diye içsel bir zorlama ile yardımda bulunuyorsa ve bu içsel zorlamanın sebebi derinlerde yatan bir suçluluk duygusu ise birey kendini affetmeye adım attığında, bilinçaltı, sanki onu **iyilik yapmaya yönlendiren** bu dürtüyü de kaybedeceği kaygısını yaşar. Erdemli davranışları zorlantılar ile yapan kişiler, kendi tercihleri ile iyilik yapmanın motivasyonunu tanımadıkları için, zorlantılarını bıraktıklarında erdemli davranışlara ait motivasyonlarını kaybedeceklerini zannederler. Bilinçaltı, bireyi iyilik yapmaya yönlendiren zorlantıları bıraktığında, iyi insan olmaya yönlendiren, aslında bilinçdışı bir itiş ile iyilik yaptıran duyguları kaybetmekten korkarlar.

Halbuki birey, suçluluk duygusunu bıraktığında artık erdemli davranışları bilinçaltının kötü hissetmeleri değil **bilinçli tercihleri** ile yapabilecektir.

O gün, dal kıran çocuğun bana kötü hissettirmesi sırasında kendime sorduğum soru tam da bunu içeriyordu: **"İyilik halini koruyarak dal kıran çocuğun yanına gidip dal kırmanın doğru olmadığını söyleyemez misin?"** diye seslenmiştim içime... İç seslerimse bana, "Bunun nasıl yapılacağını bilmiyorum..." diye cevap vermişti. Bilinçaltımın derinlerinde yatan suçluluk duygusunu bırakacak olsam, bilinçaltım, dal kırmanın yanlışlığını durdurmak gibi, beni erdemli davranışlara yönlendiren bir motivasyonu da bırakacağımı hissettiriyordu. Bu motivasyonu bıraktığımda, erdemli davranışları nasıl yapacaktım? Bilinçaltım işte bunu bilmiyordu, geçmişte öğrenmemişti. O, bir yanlışın düzeltilmesi için, kötü hissetmenin gücünü kullanıyordu. İyi hissederek de yanlış davranışların düzeltilebileceğini öğreninceye kadar da bu motivasyona sıkı sıkıya sarılıyordu. İşte kendini affetme süreci tam da budur; **bireyin kendini kötü hissederek bir davranışı yapmaya yönelmesi yerine, kendini iyi hissederek davranışlar gerçekleştirmesidir.**

Eğer ben, çocukluk yıllarımda, kendimi iyi hissederek yanlışlarımı düzeltmeyi öğrenseydim, o gün bilinçaltımın derinlerinde suçluluk duygusu taşımıyor olsaydım, çocuğun yanına **iyilik halimi koruyarak**, hatta mütebessim bir sima ile gidebilir, keyifle yanına oturabilir, ona da kendini suçlu hissettirmeden doğru davranışı tarif edebilirdim...

Kendini affetme sürecinde bireyin bilinçaltında karşılaşacağı tek engel zorlantıları değildir...

Birey zorlantılarını bırakırken dirençlerle karşılaşacaktır... Dirençlere geçmeden önce, zorlantılarımızın daha iyi anlaşılabilmesi için canlı bir örnek vermek istiyorum.

BİR ZORLANTI ÖRNEĞİ

Kırklı yaşlarda bir erkek danışanımın suçluluk duygusunu bırakma süreci içinde yaşadığı zorlantılarından birini aşağıda paylaşıyorum:

"Kendimi affetmenin ne demek olduğunu bilmediğim dönemlerde zorlantılarımdan da hiç haberim yoktu. Zorlantı denilince ilk aklıma gelen şey, yapmakta zorlandığım işler gibiydi. Fakat zorlantı, **bir davranışı yapmakta zorlanmak değil, bir davranışı yapmak zorunda kalmak imiş...** Başlangıçta çok anlamlandıramadım bu durumu... Ne zaman ki suçluluk duygularımı bırakmak için bir adım attım, zorlantılarımın varlığını asıl o zaman fark ettim. Zorlantılarımın, hayatımı bir sarmaşık gibi sarmış olduğunu şaşkınlıkla gözlemledim. Davranışlarımın birçoğunun kendi bilinçli tercihlerimden değil, bilinçaltımın yönlendirmelerinden oluştuğunu gördüm. Daha da kötüsü, bilinçaltımın yönlendirdiği bu davranışları yapmadığımda içimde kötü bir his oluşuyor, yönlendirildiğim o davranışı gerçekten yapmak zorunda hissediyordum... Zorlantılarımı fark ettikçe bilinçaltımın beni bugüne kadar nasıl da yönettiğini gördüm. Şu an kendimi, bilinçaltımın kurbanı olmaktan kurtarıp bilinçli yaşayan bir bireye dönüşme mücadelesi içinde hissediyorum. Sizinle yaptığımız bir görüşmede bana, 'Senin en belirgin zorlantın **konuşma zorlantın**...' demiştiniz. Bunu o gün anlamakta zorluk çekmiştim. Ancak daha sonra kendimi gözlemlediğimde 'sürekli' bir konuşma ihtiyacı içinde olduğumu gördüm. Önce, bunun normal olduğunu, hatta her insanın konuşmaktan keyif alacağını düşünürken, yine sizin 'Bir davranışın zorlantı mı iradi tercih mi olduğunu anlamak istiyorsan; o davranışı yapmadığında ne hissettiğine dikkat et...' dediğiniz geldi aklıma... Benim konuşma isteğim, iradi tercihim değildi; kendimi konuşmak zorunda hissettiğim için konuşuyordum. Konuşmazsam kendimi kötü hissediyordum... Bu bazen arkadaşlarımla beraberken gerçekleşiyor, bazen evimize misafir geldiğinde oluyordu. Sürekli bir konuşma, anlatma, insanları memnun etme çabam vardı içimde... Zorlantının ne olduğunu bilmediğim dönemde bu durumun iyi bir şey olduğunu zannediyordum. İletişim yeteneğim iyi diye düşünüyordum. Övünüyordum hatta kendimle... Halbuki konuşma isteğimin, **'iradi tercihim'** ile değil, içimdeki **'kötü hissin yönlendirmesi'** ile oluştuğunu fark ettiğimde çok şaşırdım.

Bunu en bariz örneğini kısa bir süre önce yine yaşadım. Bu durumu sizinle de paylaşmak istiyorum: Önceki gün aracımız arızalandı, işe taksi ile gitmek zorunda kaldım. Sabah evin önünde bir taksiyi durdurup bindim. Taksici, nereye gideceğimi sordu; söyledim. Yola çıktık. Daha birkaç dakika geçmemişti ki içimde taksici ile **konuşma isteği** belirdi. Taksiciye, 'İşleriniz nasıl gidiyor?' diye sormak geldi içimden... Daha önce olsa idi, hemen başlardım konuşmaya... Ancak o gün öyle yapmadım... Acaba taksici ile konuşmak istemem bir zorlantı mı, yoksa iradi tercihim miydi, bunu anlamak için içime yönelip azıcık bekledim; taksiciye 'İşleriniz nasıl gidiyor?' diye sorma isteğimi durdurdum... Ancak biraz sonra arabanın içindeki sessizlik içimi daraltmaya başladı. İçimde, derinlerde bir his uyanmaya başladı. Bu his bana 'Şimdi sessiz kalırsan, taksici, 'Bu adam arkada sessiz sedasız ne yapıyor?' diye şüphelenir' diyordu... Konuşmalıydım, bir şeyler söylemeliydim sanki, konuşmazsam taksici şüphelenip bana 'Ne yapıyorsun arkada?' diye soracakmış gibi bir histi bu... Bu hisse rağmen yine de konuşmamayı tercih ettim, gözlerimi kapadım, içimdeki bu hissi takip ettim... Oldukça zorluyordu beni konuşmaya... Bekledim, bu zorlantıya rağmen konuşmadım. Sessiz kaldıkça kendimi daha kötü hissettim... İç seslerim arttı: 'Bırak şimdi zorlantı morlantı işlerini! Taksici huylanacak. Bir laf aç sağdan soldan, kendinden niye şüphe ettiriyorsun...' diye beni azarlamaya başladı sanki iç seslerim... Sessiz kaldıkça içimin daralması arttı, çatlayacak gibi oldum... Bir ara, aynadan taksiciye baktım, o da o an bana baktı, göz göze geldik... 'Abi, iyi misin?' diye sordu. 'İyiyim...' dedim, 'Niye sordunuz?' diye sordum... Adam, 'Ne bileyim abi, yüzünüz sapsarı oldu da... yani gözleriniz de biraz değişik geldi...' dedi. Gülüştük... Konuşma zorlantım beni nasıl daralttıysa yüzümün şekli değişmiş, gözlerim kızarmış... Bilinçaltımın, 'konuşmazsan adam senden huylanacak...' diye bana yaşattığı huzursuzluğun tarifi imkânsızdı... O an ben çok sosyal biri olduğum için değil, adam benden şüphelenmesin diye konuşmak zorunda kaldığımı iliklerime kadar hissettim... Halbuki ben bir taksi yolcusuydum, arka koltukta oturmuş, gidiyordum... İçimde neden benden şüphelenilecek diye bir hassasiyet taşıyordum... Bu duyguyu biliyordum, suçluluk duygusu... Kendimi temize çıkarmak, adama; 'Benden huylanmanıza gerek yok!..' diye iyi bir his vermek için huzursuzluk yaşıyordum... Suçluluk duygusu deri gibi yapışmıştı bilinçaltıma...

Yolculuğumuz biraz daha devam etti ama ben konuşma zorlantıma daha fazla direnemedim... Taksiciyle konuşmaya başladık... Ona, 'Taksiye bindiğimde acaba konuşmadan gideceğim yere kadar gidebilir miyim diye kendimi deniyordum...' dedim... Konuyu biraz daha ileri götürüp, 'Aslında kendimi affetmeye çalışıyorum, zorlantılarımı keşfetmeye çalışıyorum...' diye izah ederken buldum... Anlattıklarımın gereksiz olduğunu fark ettiğim halde kendimi alamadım, konuştum, anlattım durdum... Anlatacaklarım daha bitmemişti ama gideceğimiz yere varmıştık bile... Taksi durdu... Parayı uzattım, adam paranın üzerini denkleştirmeye çalışırken, 'Abi sıkıntı yok... rahat ol... Akşama kadar bir sürü müşteri biniyor, kimi konuşur, kimisi konuşmaz... biz tutar da kim konuşuyor, kim konuşmuyor diye kafayı takacak olursak, evin yolunu bulamayız, üzme tatlı canını...' dedi. Bu söz zihnimde sanki bir aydınlanmaya sebep oldu. Ben arkada konuşsam mı konuşmasam mı acaba... konuşmazsam adam şüphelenir mi, şüphelenmez mi diye içimi içimi yerken, benim konuşup konuşmamam adamın umurunda bile değilmiş... Halime çok acıdım... Kapıyı kapatıp çıkacakken, taksici arkaya döndü, eğildi, bana baktı: 'Güzel abim, kendini affetmek falan dedin de... eğer bir suç filan işlediysen şu arka tarafta bir karakol var, git anlat, rahatlarsın... öyle kendini affetmekle falan olmaz bu işler... benden söylemesi... yine de sen bilirsin...' dedi. 'Sağ ol...' dedim, kapıyı kapattım... Sinirlendim, kime ne anlatıyorum diye kızdım kendime... Bir yandan içimde bir öfke, diğer yandan da bir sevinç oluştu taksiden uzaklaşırken. Taksicinin, 'Bana ne kardeşim senin zorlantılarından, akşama kadar kim konuşuyor kim konuşmuyor diye uğraşacak olsam evin yolunu bulamam...' demesi zihnimi aydınlatmıştı... İlk defa, birinin beni önemsememiş olmasından mutlu olmuştum...

O akşam eve toplu taşımayla dönmeyi planlamıştım. Konuşma zorlantımı yeniden takip etmek için yine taksiye binmeye karar verdim. Bu sefer daha bilinçlice bineceğim için içimde bir heyecan da vardı... İş çıkışı bir taksi çağırdım. Nereye gideceğimizi söyledim... Sonra hiç konuşmadım... İç seslerim yine uyandı. Bu taksici biraz agresif araç kullanıyordu... Sinirli birine benziyordu... Konuşup onu rahatlatma ihtiyacı belirmeye başladı içimde... Çok tuhaf bir şekilde, taksicinin agresif yanını sağdan soldan bir laf açıp sakinleştirmek **zorunda** hissediyordum kendimi... Direndim, konuşmadım... Konuşmadıkça sanki taksici trafiğin içinde daha da agresif araç kullanıyor gibi hissettim... Sanki konuşmadığım için beni cezalandırıyor, bir an önce benden kurtulmak istiyor, onun için arabayı hızlı sürüyor gibi hissettim... Sabahki takside suçluluk hissi, bu takside ise değersizlik hissi beni konuşmaya **zorluyor**, kendimi sevdirmek, adamı yumuşatmak için kalbim daralıyordu... Zaman ilerledikçe, yol sanki uzadı, bitmek bilmedi... Sonunda varacağımız yere geldik... Taksici ücreti söyledi.. Verdim... Kapıyı açtım, tam araçtan ineceğim sırada, şoföre; 'Bir şey sorabilir miyim?' dedim. Şoför, 'Buyur abi' dedi, arkaya döndü... 'Ben yol boyunca hiç konuşmadım, dikkatinizi çekti mi bilmiyorum' dedim... 'Arkada sessizce oturmam sizi rahatsız etti mi? Sadece bilmek istediğim için soruyorum'... Adam biraz şaşırdı, 'Sıkıntı yok abi...' dedi. 'Sabaha kadar her binen zaten vır vır vır bir şey anlatıyor, kafa, beyin kalmıyor... cevap vermesen olmuyor, versen olmuyor... Valla ne yalan söyleyeyim, sen efendice oturdun arkaya, ben de kafamı dinlendirdim...' dedi güldü. Bu iki olay bana öyle bir ufuk açtı ki tarif edemem...

O günden beri birkaç kez daha taksiye bindim. Şimdiki durumum şöyle; arkaya geçip oturuyorum... Ne içim daralıyor, ne iç seslerim, 'Adam senden şüphelenmesin, konuş rahatlat adamı' diyor... İçimde bir huzur var. Konuşmak istiyorsam konuşuyorum, konuşmak istemiyorsam konuşmuyorum, içimde ne huzursuzluk hissediyorum ne bir zorlantı. Konuşma zorlantımı aşma konusunda taksi ile yaptığım yolculuklar büyük bir rol oynadı.

Benzer durumu, arkadaşlarımla da yaşıyordum. Mutlaka bir konu bulup konuşmak zorunda hissettiğim arkadaş ortamlarındaki zorlantımı gözlemlediğimde 'benden sıkılmasınlar...' diye bir hissin zorlantı oluşturduğunu gördüm. Bu his görünürde değersizlik hissimin bir sonucu gibi duruyordu... Ancak derinlerdeki duygum 'suçluluk' hissi idi... Arkadaşlarımı memnun etmezsem suçlanacakmışım gibi bir his vardı içimde; 'Geldik, hiç ilgilenmedi... oturduk, hiç de neşeli değildi... herkes sus pus oturdu kaldı...' diye suçlayacaklar gibi bir his... Bu his, annemin bir misafirlikten ayrıldıktan sonra en çok söylediği sözlerle oluşmuştu... Sanki şimdilerde benim de eve gelen misafirler aynı şeyi söyleyecek gibi hissettiğim bir suçlanmadan kaçmakta olduğumu, bu nedenle onları memnun etmek için konuşmak, gülmek, onları eğlendirmek zorunda hissettiğimi fark ettim...

Bunun için olsa gerek ki, bu ağır duygular beni yoruyor, misafirler gittiğinde çok rahatlıyordum. Kendimi koltuğun üzerine bırakıyor, sanki üzerimden koca bir yük kalkmış gibi hissediyordum... Ne acı ki, arkadaşlarımı kendi iradi tercihimle değil, içimdeki 'suçluluk hissinin' huzursuzluğu ile mutlu etmeye çalışıyormuşum...

Son olarak şunu da söylemek istiyorum. Zorlantılarımdan kurtulmanın bu kadar detaylı bir iç yolculuğu olduğunu bilmiyordum. Şimdi, bir yandan zorlantılarımdan kurtuldukça rahatlıyor içim, hafifliyorum, bir yandan da ne kadar çok zorlantımın olduğunu gördükçe çocukluk döneminde ne kadar zarara uğradığımı fark ediyorum..."

BİR DAVRANIŞIN ZORLANTI MI, BİLİNÇLİ TERCİH Mİ OLDUĞU NASIL ANLAŞILIR?

Bir davranışın köken duygusunun zorlantı olup olmadığı, bireyin o davranışı **'yapmadığında' kendini nasıl hissettiği ile ölçülür.**

Kişi, köken duygusu suçluluk olan bir davranışı yapmadığında kendini kötü hissetmeye başlar... Eğer bu kötü hisse rağmen yine de beklenen davranışı yapmazsa bu defa iç sesler uyanır; kişiyi suçlar, aşağılar ve o davranışı yapmaya mecbur kılar. Taksi ile yolculuk yapan kişinin konuşma isteği bir 'konuşma zorlantısı' idi. Görünürde kişi kendisini 'sosyal, konuşkan' biri zannediyor, bu yanı ile övünüyordu. Halbuki, onu konuşmaya zorlayan duygu, içsel huzursuzluğu idi... Konuşmak onun için bilinçli bir tercih değildi. Konuşmazsa kendini kötü hissedeceği bir iç dürtünün ürünü olan davranış idi.

Zorlantının tam tersi olarak; birey içinden gelen bir davranışı **yapmadığında** kötü his uyanmıyorsa ve **kendini ne iyi, ne de kötü hissediyorsa**; bu durum özgür iradenin ürünü olan **'bilinçli'** davranıştır.

ZORLANTI DUYGUSUNUN KÖKENİ NEDİR?

Zorlantı bir davranış öğrenilirken ona yüklenen anlamın ürünüdür. Bir davranış bireye **suçlu** hissettirilerek öğretilmiş ise, o davranış artık bireyin **bilinçli tercih** edeceği davranış olma özelliğini kaybeder, **zorlantı davranışına** dönüşür. O davranışı yapmadığında kişinin içinde bir **huzursuzluk** uyanır.

Uyanan bu huzursuzluğa **'köken his'** denir.

Köken his, bir davranış öğrenilirken, bilinçaltında **o davranışa bağlı** olarak gelişen histir. Bir zorlantı davranışını bırakmak, sadece o davranışın kendisini bırakmak değildir. Zorlantı davranışını bırakmak, aynı zamanda **köken hisleri** de bırakmak demektir. Ancak, bilinçaltı köken hisleri bırakmak konusunda oldukça **dirençlidir.** Bilinçaltı, bir köken hissi bırakmak için, o köken hissin bağlı olduğu davranışın bundan sonra hangi motivasyonla devam edeceğini bilmeye ihtiyaç hisseder. İşte bireyin kendini affetme sırasında işiteceği iç sesler tam da bu sırada uyanır.

Eğer bilinçaltı, bir davranışta bulunmak için kötü hissetmeye gerek olmadığına inanır ve aynı davranışın **'bilinçli tercihler'** ile de yapılabileceğini **deneyimlerse**, o davranışa ait köken hisleri bırakır, dirençlerini devam ettirmez. Bir başka deyişle, bilinçaltının, bir zorlantı davranışının köken hissini bırakabilmesi için, aynı davranışı kişinin kendini iyi hissederek de gerçekleştirebileceğine inanması gerekir. Aksi halde **dirençlerini** bırakmaz.

ZORLANTILARIMIZI TANIMANIN KENDİNİ AFFETME SÜRECİNE KATKISI NEDİR?

Kendini affetmek, suçluluk duygusundan kurtulmak demektir. Suçluluk duygusu keşfedilmesi en zor olan duygudur. Suçluluk duygusu 'zorlantılar' ile görünür. Kişi kendini affetmek istiyorsa, önce zorlantılarını takip etmelidir. Zorlantılar onu suçluluk duygusuna götürecektir. Suçluluk duygusunun bırakılması kendini affetme sürecini oluşturacaktır.

DİRENÇLER

Zorlantı, bireyi bir davranışı gerçekleştirmeye **iten** 'iç daralmaları' idi...

Direnç ise, bireyin ortaya koyacağı bir davranışı **engelleyen** iç daralmalarıdır...

Zorlantılar, bireyi bir davranışı yapmaya **zorlayan** bilinçaltı faaliyetleri, dirençler ise, yapmayı düşündüğü davranışı, iç daralmaları yaşatarak **durduran** bilinçaltı faaliyetleridir.

Bilinçaltımızı bir hastane gibi düşünebiliriz. Gündelik yaşam sırasında incinen **iyilik duygularımız** bu hastaneye kaldırılır, tedavi edilir. Tedavi edilecek iyi duygu, belirli bir süre kullanılamaz. Kişi bu süre içinde o duygunun engellisi gibidir. Dış dünyadan, onarılması henüz tamamlanmamış bir duygunun kullanılmasına yönelik bir dürtü alınırsa, bilinçaltı, bu duygunun kullanılmasına izin vermez. Kişi, onarılmamış duyguyu kullanmakta ısrar ederse, bilinçaltı bireye, o duygunun zarara uğradığı anda hissettiği huzursuzluğu (onarılmamış duygunun acısını) yeniden yaşatır. Bu yeniden yaşama hali kişiye kendini **kötü hissettirir.** İşte kişide dirençleri oluşturan ve onun yapmak istediği davranışı durduran kötü his budur.

Örneğin, arkadaşı ile tatsız bir durum yaşayıp incinen biri, bu incinmeden sonra, arkadaşıyla bir şey olmamış gibi konuşmaya devam edemez. Devam etmek istese bilinçaltı izin vermez, ona kendini kötü hissettirir. İncinen duygunun bilinçaltında onarılması tamamlanmadıkça, kişi kendisini inciten arkadaşı ile normal konuşamaz. Bu direnci görmezden gelip kendisini inciten kişi ile normal bir biçimde konuşmakta ısrar ederse bilinçaltı bireye kendini kötü hissettirecek **iç sesler** işittirir. Sonuçta, birey, bilinç düzeyinde fark edemeyeceği kadar doğal bir akış içinde, yapacağı davranıştan uzaklaşır, kendini kötü hissetmeyeceği başka davranışlara yönelir. Bunlar da genellikle **oyalanma davranışlarıdır**.

Bazı duygular, alınan yaranın büyüklüğünden dolayı sadece bilinçaltı tarafından onarılamaz. Böylesi bir durumda bilinçaltı, bilincin desteğine ihtiyaç duyar. Bilincin desteği ile, bilinçaltında zarara uğramış duyguların onarılmasına **'duygusal farkındalık'** denir. Birey, bilinç düzeyinde öğrenecekleri ile bilinçaltında zarara uğrayan bir duyguya nasıl dokunması gerektiğini, o duyguyu adım adım nasıl yeniden işlevsel hale getireceğini fark ederek bilinçaltına yardımcı olabilir. Duygusal farkındalık sahibi olmayan birinin, zarara uğramış duygusunun yeniden işlevsel hale gelmesi oldukça zordur.

Birkaç direnç örneği verirsek:

Eşi ile tartışan bir kişinin, eşinin barışmak için uzattığı eli tutamaması, vücudunun kasılması, kendini kötü hissetmesi bir dirençtir... Bu kişin inatçı olduğu, kindar olduğu düşünülemez... Çünkü incinen duygusu onarılmadıkça, bilinçaltı, bireye kendini kötü hissettiren direnci devam ettirir.

Kitap okumak isteyen bir kişinin, bir türlü kitabın başına geçememesi, bir şeylerle oyalanması bir dirençtir... Böylesi bir kişinin 'okuma alışkanlığının olmadığından' bahsetmek yerine, geçmişte, okuma sırasında incitilen duygularından bahsetmek daha anlamlıdır...

Yapılacak onca işi olduğu halde kişinin bir türlü işe başlayamaması dirençtir... Bu kişinin 'iradesinin zayıf olduğunu' söylemek yerine, bilinçaltının iş yapmaya karşı oluşturduğu direnci gözlemlemek daha doğrudur...

Yüksek bir binadan aşağı bakmak isteyen kişinin balkon kenarına yaklaştığında içinin daralması 'korkaklıktan' değil, bilinçaltının direncindendir...

Gece karanlıkta bir ses duyan kişinin, sesin bulunduğu tarafa gidememesi dirençtir...

Tekrar edecek olursak, direnç; bireyin yapacağı davranışı **engelleyen** iç daralmalarıdır...

Kendini affetmek isteyen bir kişinin, dirençler konusunda bilmesi gereken en önemli şey şudur: Birey, her ne kadar bilinç düzeyinde kendini affetmek isterse istesin, bilinçaltı bu duygusal dönüşüme direnç gösterir. Bilinçaltının kendini affetme sürecine direnç göstermemesi imkânsızdır.

Birey, bu önemli ayrıntıya dikkat etmeden kendini affetme sürecine girerse **'iç çatışma'** yaşanır...

İç çatışma; bilinçaltının, bilinç ile çatışmasıdır.

Kişi bilinç düzeyinde kendini affetmeye karar verdiğinde, bilinçaltı önce verilen bu karara sessiz kalır... Ancak kişi içe derinleşmeye ve kendini gerçekten affetmeye adım attığında bilinçaltı direnç ortaya koyar... Kişi kendini affetmekte ısrar ederse, bilinçaltı, dirençleri kuvvetlendirmek üzere **iç sesleri** uyandırır; örneğin bireye, kendisinin affedilmeye layık olmadığını, affedilemez biri olduğunu hissettirir...

Kendini affetme sürecinde yaşanacak bu iç çatışmanın en önemli nedeni, **bilinçaltının suçluluk duygusunu bırakmak istememesidir.**

Bilinçaltı, çocukluk yıllarından bu yana oluşan suçluluk duygusunu bırakacak olursa, derin bir **'boşluk hissi'** yaşayacaktır. **Boşluk hissini** tanımadığı için de kaygılanır. Boşluğa düşmemek için suçluluk duygusuna tutunmaya çalışır. Halbuki, boşluk hissi **kendilik duygusunun** başlangıç hissidir. Bu, yıllar öncesinde, çocukluk döneminde yaşanmış ve fakat suçluluk duygusu yaşandıkça, adım adım terk edilmiş bir huzur hissidir.

Birey suçluluk duygularını bırakıp ruhsal özgürlüğe adım atacağı sırada içinde oluşacak bu boşluk duygusunu (bilincin desteği ile) pozitif bir duygu olarak hissetmeye yönelirse, bilinçaltı, boşluk duygusunun verdiği kaygıyı bırakıp bir iç genişliği olarak, kendilik yolculuğuna adım atacaktır.

Bir danışanım kendini affetme sürecinde "Kaygılarımı bırakırken kaygılanmaya başladım" demişti... Bu danışanımın "Kaygılarımı bırakırken..." diye bahsettiği şey, suçluluk duygusunun bilinçaltındaki kaygıları idi... "Kaygılarını bırakırken oluşan yeni kaygılar..." ise bilinçaltının suçluluk duygusunu bırakırken yaşadığı boşluk hissinden doğan kaygılar idi... Danışanım boşluk hissinin oluşturduğu kaygıları bıraktığında tarifi imkânsız bir **içsel genişlik** yaşamaya başladığını söylemişti.

DİRENÇ NASIL BIRAKILIR?

Direnç, uyandığında bilinçaltı da uyanmıştır.

Uyanan bilinçaltı, bireyin bedenini **fizyolojik kasılmalar**; bilincini ise **iç sesler** ile etkisi altına alır.

Örneğin, eşi ile tartışan (ve bilinçaltındaki değersizlik hissi uyanan) bir kişinin, bir süre eşine sarılamaması, eşinin sarılma istemine karşı vücudunun '**kasılması**', dişlerinin sıkılması, omuzlarının yukarı kalkması direncin **fizyolojik** etkisidir.

Böylesi bir birey, bedeninde oluşan bu **kasılmaları** bırakıp eşinin sarılma isteğine karşılık vermek istese bilinçaltı bu defa '**iç sesler**'le direnci artırır; eşine sarılırsa onursuzca davranmış olacağını, hep kendisinin taviz verdiğini, incindiği halde eşini cezalandırmamasının kendisine haksızlık olacağını hissettirir... İç sesler bu söylemlerinde haklıdır, fakat burada dikkat edilmesi gereken ayrıntı, bireyin eşine sarılmamaya bilinç düzeyinde bir kararla değil, bilinçaltının tesirinde kalarak karar vermesidir. Kişinin bilinçaltının kendisini kötü hissettiren tesirinden kurtulup bilinç düzeyinde vereceği bir kararla eşine sarılmamayı tercih etmesi daha doğrudur.

Bu açıdan bakıldığında, iç sesler, direncin kırılmaması için **'bilinçaltının, bireyin bilincini kontrol altına alma çabasıdır**.'

Direnç bırakılırken, bilinçaltının iki etki alanına dikkat etmek gerekir.

1. Direncin Somatik Etkisi
2. Direncin İç Ses Etkisi

1- SOMATİK ETKİYİ BIRAKMAK

Bilinçaltında uyanan olumsuz bir duygunun bireyin **bedenini kasmasına** somatik etki denir. Birey bu kasılma ile kendini güvende hissetmektedir.

Kasılmayı bıraksa, huzursuzluğun bütün bedenine yayılacağını, duygusal olarak zayıflayacağını, savunmasız kalacağını (aslında geçmişten bu yana bastırdığı olumsuz duyguların bütün bedenine yayılacağını) zanneder.

Kişinin hissettiği bu duygu gerçekçi niteliktedir; gerçekten de bilinçaltında uyanan olumsuz duyguya rağmen bedensel kasılmalarını bırakırsa kendini **savunmasız** hissedecektir. Ancak, burada bilinmesi gereken önemli ayrıntı, bireyin bedensel kasılmalarını bırakırken hissedeceği **savunmasızlık halinin,** aynı zamanda bilinçaltının kendini onarmak üzere bir onarıcı duygunun aktifleşmesini sağlayacak olmasıdır.

Bilinçaltının kendini kasmayarak aktifleştirdiği onarıcı duyguya '**maruz bırakarak güçlenme**' denir.

MARUZ BIRAKARAK GÜÇLENME

Bilinçaltı, çocukluk yıllarında öğrendiği, kasılarak korunmayı yetişkinlik yıllarında da devam ettirir. Halbuki, bedensel kasılma ile oluşturduğu güvenlik hissini, bedenini bırakarak gerçekleştirecek olsa, bilinçaltı kendi koruma sistemini aktif hale getirecektir. Birey bir duyguya kendini ne kadar çok maruz bırakırsa, o duygu karşısında o kadar güçlenir, bir duygudan ne kadar kaçınırsa o duygu karşısında o kadar zayıflar.

Bu, beden ile duygu arasındaki '**tahterevalli dengesi**'dir.

Beden olumsuz bir duygu sırasında kasıldıkça tahterevallinin bedensel tarafı yükselir, duygusal tarafı aşağı iner. Beden güçlenir, duygu zayıflar... Beden kasılmayıp kendini bıraktıkça bireyin duyguları bedeninin arkasına saklanma ihtiyacı duymayacak düzeyde güçlenmeye başlar. Olumsuz bir duygu sırasında birey bedenini sıktıkça, kastıkça bilinçaltı yaşadığı o olumsuz duyguya karşı bireyi güçlendirecek onarıcı sistemi aktif hale getiremez, duygular zayıf kalmaya devam eder.

ÖNEMLİ BİLGİ

Birçok kişi, kendini affetmenin bilinç düzeyinde gerçekleşen bir '**duygusal farkındalık**' çalışması olduğunu zannediyor. Bundan dolayı, bilinç düzeyinde sürekli kendini motive ederek, iyi bir insan olduğunu söyleyerek, kendisini hataları ile kabul ettiğini belirterek, herkesin hata yapabileceğini vurgulayarak bilinçaltına telkinlerde bulunuyor.

Bu tür telkinler, bilinçaltındaki suçluluk duygusunun **bırakılmasını** sağlamaz, aksine daha derinlere bastırılmasına neden olur.

Suçluluk duygusunun bırakılması, bilinçaltının tuttuğu **suçluluk duygusunu somatik olarak bırakarak** gerçekleştirilen bir eylemdir.

Kendini affetmek, '**bilinçaltının suçluluk duygusunu bırakmayı kabul etmesi**'dir. Bu kabul, bilinçaltına yönelik baskılarla değil, bilinçaltı ile yapılacak işbirliği ile gerçekleşir.

Bundan dolayı, kitabın ilerleyen bölümlerinde görüleceği üzere, affetmenin en önemli kısmı iç seslerle konuşmaktır. İç seslerle konuşmak, bilinçaltı ile konuşmaktır. Bu, bilincin bilinçaltı ile yaptığı bir konuşmadır. Bilinçaltının onaramadığı tek duygu olan suçluluk duygusunu bilincin yardımı ile onarmaya çalışmaktır.

Kendini affetme egzersizlerine geçmeden önce bir önemli ayrıntının daha altını çizmekte fayda var.

Suçluluk duygusu, keşfedilmesi en zor duygu olduğu için, kendini affetmek isteyen kişi, başlangıçta suçluluk duygusunu tanımaya, yaşadığı olaylar sırasında hissettiği duygunun suçluluk duygusu olup olmadığını anlamaya **çalışmamalıdır.**

Olumsuzluklar sırasında ilk hissedilen duygunun **değersizlik** veya **yetersizlik** duygusu olduğu zannedilir. Suçluluk duygusu genellikle ilk hissedilen duygu değildir. Bu, suçluluk duygusunun tek başına bir duygu olmamasından kaynaklanır. Geçmişte yaşanan her suçluluk duygusu aynı zamanda değersizlik duygusunu doğurmuştur. Bireyin suçlandığı her durum aynı zamanda yetersizlik hissini beraberinde getirmiştir. Bundan dolayı suçluluk duygusu, genellikle değersizlik duygusunun derinlerinde yaşanan, ancak görünürde değersizlik olarak dışa yansıyan bir duygudur... Yine aynı şekilde, suçluluk duygusu, genellikle yetersizlik duygusunun derinlerinde yer alan, ancak görünürlüğü yetersizlikle ortaya çıkan bir duygudur. Bundan dolayı genellikle görünür olan duygular değersizlik ve yetersizlik olsa da, bu duyguların kökeninde suçluluk duygusu vardır.

Aşağıdaki kendini affetme uygulamaları, suçluluk duygusunun tanınmasına ve telkinler yolu ile bastırılmasına yönelik değildir. Aksine, adı ne olursa olsun içimizde beliren **'kötü hissin'** tanınmasına, o kötü hissin bedenimizde oluşturduğu kasılmaların gözlemlenmesine ve zihnimizde oluşturduğu etkiyi bırakmaya yöneliktir.

SOMATİK KASILMALARIN BIRAKILMASI

UYGULAMA

Olumsuz bir durum sırasında içinizde kötü bir his oluştuğunda;

Telefonunuzla QR Kodu Okutunuz

Hareketsiz kalın...

Başınızı hafif sola ve aşağı eğerek kalbinize odaklanın...

Kalbinizde oluşan huzursuzluğu gözlemleyin...

Yaşadığınız huzursuzluğun kalbinizi nasıl sıktığını hissedin...

Kalbinizin nasıl da kasıldığını hissedin...

Kalbinizin nasıl yandığını seyredin...

Kalbinizden başlayan huzursuzluğun bedeninizi nasıl kasmaya **zorladığını** hissedin...

Yaşadığınız huzursuzluğun göğsünüze nasıl yayıldığını hissedin...

Omuzlarınızı nasıl kastığınızı hissedin...

İçinizde başlayan huzursuzluğun boğazınızı nasıl sıkmaya zorladığını hissedin...

Yaşadığınız huzursuzluğun karın kaslarınızı nasıl sıktığını hissedin.

Bütün bedeninizin bilinçaltınız tarafından kasılmakta olduğunu seyredin...

Bir farkındalık içinde bilinçaltınızın bedeninizi nasıl da tesir altına aldığını seyredin...

Şimdi gözlerinizi kapayın...

Kalbinizi huzursuzluk duygusuna bırakın...

Kalbiniz huzursuzluktan kaçtıkça, onu yaşadığı huzursuzluğa bırakın...

Kalbinizi gevşetin...

Huzursuzluk kalbinizin üzerine yayılsa da korkmayın, kalbinizi huzursuzluğa maruz bırakmaya devam edin...

Huzursuzluk sonrasında kalbinizde oluşacak rahatlamayı hissedinceye kadar maruz bırakmaya devam edin...

İçinizdeki huzursuzluk duygusu rahatlamaya dönüşmeye başladığında duygularınızın kendi onarıcı sistemini aktif hale getirdiğini fark edin, kalbinizi serbest bırakın...

Kalbinizi korkusuzca huzursuzluk duygusuna maruz bıraktığınızı hissettiğinizde bütün bedeninizi serbest bırakın...

Göğsünüzde bir huzursuzluk hissediyorsanız, göğsünüzü gevşetin, hissettiğiniz huzursuzluğa maruz bırakın.

Huzursuzluk göğüs kafesinize doğru yayılıyorsa korkmayın, göğsünüzü serbest bırakın... Huzursuzluğun yayılmasına izin verin, kasmayın bedeninizi...

Göğüs kafesinizde rahatlama hissedinceye kadar göğsünüzü huzursuzluk hissine maruz bırakmaya devam edin.

Göğsünüzde bir hafifleme olduğunda kendinizi iyi hissedin.

Boğazınızı gözlemleyin. Şişme veya yakıcı bir boğulma hissi varsa boğazınızı gevşetin.

Boğazınızdaki sıkma hissi yayılırsa korkmayın, boğazınızı o hisse maruz bırakın.

Boğazınızdaki kasılmayı gevşettikçe bir rahatlama hissinin oluşacağını fark edin, boğazınızı da huzursuzluk duygusuna maruz bırakın.

Boğazınız rahatlayıncaya kadar boğaz kaslarınızı gevşetmeye devam edin.

Boğazınız rahatladığında kendinizi iyi hissedin.

Karın bölgenize odaklanın.

Karın kaslarınızı kastığınızı hissediyorsanız karnınızı gevşetin.

Karnınızı huzursuzluk hissine maruz bırakın.

Karnınızı gevşettikçe huzursuzluğun yayıldığını hissediyorsanız karın kaslarınızı huzursuzluk duygusuna maruz bırakmaya devam edin.

Karın kaslarınızı rahatlayıncaya kadar gevşetin.

Karnınızda bir rahatlama olduğunda kendinizi iyi hissedin.

Bedeninizin kasılmış başka bir bölgesini hissedin.

Kasılmayı gevşeterek kendinizi kasılmaya sebep olan huzursuzluk duygusuna maruz bırakın.

Somatik bırakmayı kendinizi kötü hissettiğiniz her durumda uygulayın...

Sizi inciten eşiniz incinmeniz geçmeden elini uzattığında bedeninizin kasıldığını fark edin, kasılmalarınızı bırakın ve eşinize elinizi uzatın... Bunu ilişkinizin iyi olması için yaptığınızı düşünmeyin, bilinçaltınızda yatan kötü hissin oluşturduğu direnci bırakmak için yapın...

Çocuklarınız evi darmadağın ettiğinde vücudunuzda hissettiğiniz kasılmaları takip edin ve bedeninizi bırakın... Bunu çocuklarınızın düzelmesi için değil, bilinçaltınızdaki kötü hissin sizi yönetmesini durdurmak için yapın...

Trafikte karşılaştığınız bir olumsuz durum karşısında omuzlarınızın nasıl kasıldığını, dişlerinizi nasıl sıktığınızı fark edin. Omuzlarınızı indirin, dişlerinizi sıkmayı bırakın... Bunu trafikte rahatlamak için değil, bilinçaltınızın bedeninizi kasmaya zorlamasına karşı bilinç düzeyinde bir farkındalıkla yapın...

Arkadaşınızla olumsuz bir durum yaşadığınızda, kendinizi nasıl da oyaladığınızı, birçok zorlantı içine girdiğinizi fark edin. Oyalanma davranışlarınızı bırakın, bir koltuğa oturun, omuzlarınızı bırakın, dişlerinizi sıkmayın, kalbinizi nasıl kastığınızı hissedip kendinizi kaçtığınız duyguya maruz bırakın... Bunu arkadaşınızın sizinle olumlu konuşması için değil, bilinçaltınızın size kendinizi nasıl da kötü hissettirdiğini fark edip kötü hissetmeyi bırakmak için yapın...

Bir yerden can sıkıcı bir haber aldığınızda, suratınızın nasıl düştüğünü, kaşlarınızı nasıl çattığınızı, kalbinizin nasıl daraldığını seyredin, suratınızı gevşetin, kaşlarınızı serbest bırakın, kalbinizi gevşetin... Bunları aldığınız haberin olumluya dönüşmesi için değil, kendinizi iyi hissederek de olumsuz olayların içinden çıkabileceğinizi hissederek yapın...

Somatik bırakmayı uygularken, zaman zaman bilinçaltınızın bu bırakmalara izin vermediğini fark edecek, kasılmalarınızı bıraktırmamak için iç seslerinizin aktifleştiğini gözlemleyeceksiniz...

Bilinçaltınız, olumsuz duygularınızı bırakmak için attığınız adımlara karşı bu sefer de iç seslerinizi devreye sokacaktır.

Kendini affetme sürecinin en önemli parçalarından biri de iç ses etkisidir...

İÇ SESLER

İç sesler, geçmişte, savunmasız olunduğu sırada tesirinde kalınan bir sözün, yıllar sonra bir dürtü ile uyanıp bilinçaltında yankılanmaya başlamasıdır.

Piknik alanında dal kıran çocuğu gördüğümde bilinçaltımın derinlerinde bir huzursuzluk vardı... Biri gelip beni azarlayacak gibi bir huzursuzluk...

Bu huzursuzluk, bilinçaltımın derinlerinde yatan iç sesleri uyandırmıştı: "Çocuk dalları kırıyor, görmüyor musun?" diye azarlanacağımı hissettiriyordu bana...

Bu sözün, çocukluk anılarımın içinde bir yeri vardı...

İlk defa küçük erkek kardeşimle bahçede oynarken duymuştum...

Sanırım o 3 yaşlarında falandı, ben de 8 yaşlarındaydım...

Kardeşimle evimizin bahçesinde oynuyorduk...

Ben bir ara kendi oyunuma dalmışım...

Fark etmediğim bir sırada kardeşim ağzına toprak almış...

O sırada bahçemizin yanından geçen bir kadın, "Amaan, çocuk toprak yiyor, görmüyor musun!" diye telaşla seslenmişti bana...

Önce kadının ne dediğini anlayamadım... Sonra kardeşime baktım, ağzında toprak vardı, tükürmeye çalışıyordu...

Korktum birden...

Elimle ağzını temizlemeye çalıştım...

Kadın bir telaşla çantasından çıkardığı su ile kardeşimin ağzını yıkadı...

Hatıram burada kesintiye uğruyor, sonrasında ne oldu bilmiyorum... Eve mi çıktık, annemler mi geldi, tam hatırlamıyorum...

Ancak bu "Görmüyor musun?" sözünün telaşı içimde hep saklı kaldı...

İlkokulda öğretmenim beni sınıf başkanı seçmişti...

Teneffüs bittiğinde hepimiz alelacele sınıfımıza koşardık...

Öğretmeni beklerken ben elime tebeşir ve silgiyi alır, tahtanın bir kenarına geçer, konuşan çocukların isimlerini tahtaya yazardım...

İsmini tahtaya yazdığım çocuk birden sessizleşip ellerini kelebek yaparak önüne bağlar, susardı, ben de tahtadan onun ismini silerdim...

Bazen sınıf çok gürültülü olurdu...

Okulun müdürü gürültüyü duyup geldiğinde bana çıkışırdı, bir de başkan yardımcısına... "Niye susmuyor sınıf?" diye...

Bundan olsa gerek ki çocukken bana kızılacak diye görevime çok sadıktım...

Halbuki daha ilkokul çağındaki bir çocuğa kendi akranlarını öğretmenine şikâyet etmek gibi bir **sorumluluk** vermek ne kadar doğruydu?

Sorumluluk duygum bilinçli bir tercihle gelişmemişti; ya göze girmek ya da azar işitmemek için uğraşıyordum...

Çocukluk yıllarımdan başlayan bu sorumluluk duygum, bilinçaltında yıllarca azarlanma korkusu ile gelişmişti ama ben farkında değildim...

Piknik alanındaki çocuğun dal kırması, işte içimdeki bu **sorumluluk** duygusunu uyandırmış, beni huzursuz etmişti... Sanki çocuğun dal kırmasının sorumluluğunu kendimde hissediyordum... Çocuğa bir şey söylemezsem, "Görmüyor musun, çocuk dalları kırıyor..." diye suçlanacağımı hissediyordum...

İşte iç sesler, bireyin geçmişte işittiği ve tesirinde kaldığı olumsuz sözlerin '**benzer durumlar**' oluştuğunda bilinçaltında **yankılanmaya** başlaması halidir...

Benim henüz küçük yaşlardan itibaren işittiğim, tesirinde kaldığım, telaşlı bir sorumluluk yükleyen konuşmalar, yıllar yıllar sonra piknik alanında karşıma çıkmıştı...

İç seslere devam etmeden önce, önemli bir ayrımdan bahsetmekte fayda var...

İç sesler, **iç sezi** değildir...

İç seziler, bireye yol gösterici nitelikte kılavuzlardır... Henüz bilinçaltı oluşmadan önceki evre olan çocukluk evresine ait bir **hazır bulunuşluk** hissidir. İnsan doğasının bir parçasıdır. Hayvanlarda içgüdü ne ise insandaki iç sezi de aynıdır. Zarara uğramamış duyguların duru bir halde bireye neyin doğru neyin yanlış olduğunu sezdirmesi halidir... İç seziler, zarara uğramadığı süre içinde sürekli gelişir, bireyin vicdanını oluşturur.

İç sesler ise yukarıda izah edildiği gibi, genellikle suçlayıcı, yargılayıcı, aşağılayıcı niteliktedir...

Birçok kişi iç seslerin kendisine ait olduğunu zanneder... Halbuki iç sesler bireyin kendisi değil; bilinçaltıdır... İç seslerle konuşmak, bireyin kendi kendine yaptığı bir konuşma değil, bilinçaltı ile yapılan bir konuşmadır...

Bundan dolayıdır ki duygusal farkındalığın en önemli noktası, bireyin kendi ile bilinçaltını ayırt edebilmesidir.

Kişi **iç seslerinin** gürültüsünden kurtulabilir ve **iç sezilerini** duyabilecek niteliğe erişebilirse kendi özüne, saf ve duru haline erişecektir...

Bu hal, **kendilik** halidir...

İç seslerle iç seziler arasındaki en önemli fark; iç seslerin bireyi daraltması, bunaltması ve bir davranışa **zorlaması** veya ona karşı **direnç** oluşturmasıdır...

İç seziler ise bireyi yormaz... Sakin ve dingindir... İç seslere göre daha akılcıl ve gerçekçidir...

İç seziler ile iç sesler bazen aynı anda uyanabilir...

Örneğin çocuğunun şımarıkça davranışından rahatsız olan bir annenin daralıp çocuğuna bağırmak üzere olduğu bir sırada iç seziler ona "Kızmana gerek yok, çocuk işte, ne güzel oynuyor..." diye sezinlettiği gibi, aynı anda iç sesler sanki iç sezilere de cevap verircesine, "Böyle oyun mu olur! Şunların haline bak..." diye kişiyi huzursuz edebilir...

Bireyin iç seslerinin mi yoksa iç sezilerinin mi baskın olacağı, o kişinin geçmişteki zarara uğramışlığının derecesi ile ilgilidir... Geçmişte ihmal edilmiş veya incitilmiş kişilerin iç sesleri daha baskın, iç sezileri daha zayıftır... Zarara uğramışlığı az olan kişilerde ise iç seziler yüksek, iç sesler zayıftır...

Kişi iç sesleri ile, yani bilinçaltı ile nasıl konuşacağını bilmezse, iç seslerinin, yani bilinçaltının etkisinde kalarak zorlantılarını veya dirençlerini bırakmak yerine daha da kuvvetlendirebilir...

Kişinin bilinçaltında gelişen bu durumun farkına varması ve iç seslerin niteliğini kavraması, kendini affetme süreci için mutlak şarttır...

İç sesler keşfedilmeden, onlarla nasıl konuşulacağı öğrenilmeden, kendini affetme süreci tamamlanamaz...

Kendini affetme sürecindeki bir kişinin karşılaşacağı **son engel** iç sesler olacaktır...

İÇ SESLER İLE KONUŞMAK

İç sesler ile konuşmak 2 evrede gerçekleşir...

Birinci evre **Seyir Evresi**, ikinci evre **Konuşma Evresidir**.

BİRİNCİ EVRE - SEYİR EVRESİ

İç sesleriyle **ilk defa** konuşacak olan bir kişi yaklaşık bir hafta '**seyir evresi**' geçirmelidir.

Seyir evresinde iç seslerle konuşulmaz... Aşağıda tarif edileceği şekilde iç sesler sadece '**seyredilir**.'

İç seslerin seyredilmesi ne demektir, biraz açmaya çalışalım...

Normalde bir ses işitilir veya dinlenir, alışkanlığımız bu yöndedir; bir konuşmanın seyredilmesi sık kullandığımız bir kavram değildir. Konuşmanın seyredilmesi ile dinlenmesi arasındaki fark, **dahil olmak** veya **kenarda kalmak** şeklinde özetlenebilir.

Örneğin bir grup insan, yakınımızda bir yerde bir konu hakkında konuşuyor olsun. Konuşmanın içeriğine kulağımızı kabartıp, "Ne konuşuyorlar..." diye ilgi göstermeye **dinlemek** denir. Dinlemede bir 'dahil olma yönelişi' vardır, dinlemek bağ kurucu bir eylemdir. Birey bir konuşmayı dinlerken, dinlediği konuya kendine yakınsallaştırır, içselleştirir.

Dinlemek **edilgen** bir davranıştır.

Aynı grubun konuşması esnasında, kendimizi hafifçe kenara çekip konuşulan konudan ziyade '**konuşanlara**' dikkat kesilmeye, içeriğe yoğunlaşmadan ortamı gözlemlemeye ise **seyretmek** denir...

Seyretmek **etken** bir davranıştır. Bağ kurucu yanı yoktur. Durumun keşfedilmesine yönelik bir **farkındalık** kazanma çabası içerir.

İşte, iç sesleri ile yeni tanışan, onlarla henüz nasıl konuşacağını bilemeyen bir bireyin ilk adımı iç seslerini **seyretmek** olacaktır.

Seyir evresinde iç sesler ile konuşulmaz...

Konuşulanlara cevap verilmez...

İç sesin suçlamalarına, aşağılamalarına karşı savunma yapılmaz...

Sadece bir şaşkınlık duygusu içerisinde "Bu neyin nesi?" dercesine, iç sesler **seyredilir**...

Nereden geldiği bilinmeyen bir gürültü ortamının yeni yeni fark edilmesi ile yaşanan, göz göze gelmişlik gibi bir duygu durumudur bu...

İç sesleri konuşmadan sadece seyretmek, iç seslerin **biraz** sakinleşmesine, enerjisinin **biraz** azalmasına, agresifliğinin **biraz** durulmasına neden olur...

İç sesin agresifliğinin azalacağı birinci evre tamamlanmadan iç seslerle konuşmaya çalışmak, iç seslerin çoğalmasına neden olur...

SEYİR EVRESİ UYGULAMA

- İç seslerinizi işittiğinizde hareket etmeyin...
- Bulunduğunuz yerde kalın...
- Gözlerinizi kapayın...
- Konuşmayın, sessizleşin...
- Başınızı hafif sola, aşağı çevirin...
- İçinize yönelin...
- İç seslerinizi seyredin...
- Onlarla konuşmayın, sadece seyredin.
- İç sesleriniz **biraz** sakinleşip agresifliği azalıncaya kadar **şaşkınca** onları seyretmeye devam edin...
- İç seslerinizin enerjisi azaldığında gözlerinizi açın ve gündelik yaşamınıza devam edin...

Seyir evresini yaklaşık 1 hafta boyunca yukarıda anlatıldığı şekilde devam ettirin. Bir haftanın sonunda iç seslerinizle konuşmak için ikinci evreye geçebilirsiniz.

İKİNCİ EVRE - KONUŞMA EVRESİ

Bir haftalık **seyir süresi** sonrasında iç sesin **enerjisinin** azalması,[12] **agresiflikten** sıyrılıp konuşulabilir bir hale gelmesi beklenir...

Bir haftalık seyir süresi sonunda iç seslerin yoğunluğu azalmazsa süre uzatılmalıdır.

İç sesle konuşmak, **'bilinç düzeyi** ile **bilinçaltının** konuşması'dır.

Bilinç düzeyi; bireyin kendisi, bilinçaltı ise geçmişte **tesirinde** kalınan sözlerdir.

Bu açıdan bakıldığında işittiğimiz her iç sesin bir geçmişi ve bir sahibi vardır. İç ses, o **tesiri**[13] oluşturan **kişinin içimizde yankılanan sesidir**...

İç sesle konuşmanın amacı, iç sesin sonsuza dek **susmasıdır**.

---

12 İç sesin enerjisinin azalması, bilinçaltında suçluluk duygusunun aktivitesinin zayıflaması anlamına gelir. Bilinçaltında suçluluk duygusu azaldığında iç seslerin yoğunluğu da azalır... Bilinçaltında bir duygunun yoğunluğu arttıkça iç sesler çoğalır, iç çatışmaları çıkar, birey kendi ile mücadeleye girer... Kendi kendine söylenmeler yaşar...

13 Geleneksel kültürde bir kişinin **gerçeklik algısını** bozarak onun üzerinde tesir oluşturmaya sihir denir. Teshir; (Ar) tasḥīr. تسحير Arapça sḥr kökünden gelen tasḥīr تسحير "büyüleme" sözcüğünden türemiştir. Sihir: Arapça sḥr kökünden gelen siḥr سحر "büyü, sihir" sözcüğünden köken alır. Tesir: Arapça Asr kökünden gelen taʾs̱īr تأثير "etkileme, iz bırakma" sözcüğünden gelir. Tesir, teshir, sihir edilmiş bir bireyin gerçeklik algısı bozuktur. Böylesi kişiler tesirinde kaldığı durumları gerçeklik ile değil tesirde kaldığı etki ile anlamlandırırlar. Bundan dolayıdır ki geleneksel kültürde bir kişinin gerçeklik algısını bozmak, tesir oluşturmak, sihir yapmak yasaklanmıştır. Bu açıdan bakıldığında suçluluk duygusu taşıyan bir birey sihr edilmiş bireydir. Kendilik algısı bozulmuş, kendini suçlu hisseder hale getirilmiş bireydir. İşte kendini affetmek bu tesirden (sihirden) kurtulup bireyin kendilik haline erişme çabasıdır.

İç ses ancak **ikna** olursa susar...

İç ses kendi başına ve zayıf bir etki değildir... Bundan dolayı ikna olması da kolay değildir. Geçmişte işitilen suçlayıcı tutum, davranış veya bir söz, bilinçaltındaki diğer olumsuz hislerle bütünleşir ve bir his yığını haline gelir.

Bu açıdan bakıldığında, bir iç ses ile konuşmak sadece bir tek iç ses ile konuşmak niteliğinde değildir. Bir iç ses ile konuşmak, yaşam içerisinde birbirini onaylamış, birbirini desteklemiş büyük bir his ağı ile konuşmak demektir.

Bir iç sesin **ikna** olması, bağlı bulunduğu diğer hislerin de ikna olması ile mümkündür.

Bu nedenle iç seslerle konuşmak belli prensipleri içerir.

Bir iç sesin susması bütün iç seslerin susması anlamına gelmez.

Her bir iç ses ile ayrı zamanlarda, ayrı oturumlar düzenlenerek konuşulmalıdır.

İç seslerle konuşulurken, yeni bir iç ses fark edilirse bu yeni iç ses ile konuşmak için bir haftalık **seyir evresine** gerek yoktur. Birinci ve ikinci evre aynı oturumda yapılabilir.

İÇ SESLERLE KONUŞMA PRENSİPLERİ

1. İç sesle konuşma tercihen **oturarak** yapılmalıdır.

2. Sessiz bir ortam tercih edilmelidir.

3. İç ses ile konuşmak için, **baş, hafif sola ve aşağı** (kalbe doğru) çevrilir, **gözler kapalı** olarak içe yönelinir.

4. İç sesin bulunduğu yer **bilinçaltıdır**.

5. İç ses, geçmişte tesirinde kalınan bir sözün bilinçaltında devam eden yankısı olduğu için; iç ses ile konuşma geçmişte tesirinde kalınan kişi ile konuşma niteliğindedir.

6. İç ses günlük yaşamda basit durumlarda ortaya çıkıyorsa, önce, o iç sesin sahibinin kim olduğu öğrenilmeye çalışılmalıdır. Bunun için, bilinçaltına **"Sen kimsin?"** sorusu yöneltilir. Bu soru, bilinçaltının kimin tesirinde kaldığını öğrenmek açısından önemlidir.

7. "Sen kimsin?" sorusu, bilinçaltına karşı etkenlik kazanmak açısından önemlidir.

8. İç ses ile konuşma, sesli bir konuşma değil, hislerle yapılan **içsel** bir konuşmadır.

9. İç ses ile konuşma, iki yetişkinin **saygın** konuşması niteliğindedir.

10. İç ses ile tartışılmaz, çatışılmaz; **sakin** ve **mantıklı** bir konuşma tarzı benimsenir.[14]

---

14 Bilinçaltı milyarlarca histen oluşan bir ağdır. İç ses ile çatışıldığında veya tartışıldığında bilinçaltındaki başka hislerin uyanmasına neden olur. Bu nedenle iç seslerle diğer hisleri uyandırmadan, sakin, dingin ve acele etmeden konuşulmalıdır.

11. Önce iç sesin konuşması beklenmelidir, iç sesten önce konuşmak doğru değildir. Bazı özel durumlar haricinde iç sesten önce konuşma yapılmamalıdır.

12. İç sesin sözleri kulak kabartılarak, **dikkatlice** dinlenir.[15]

13. İç ses konuşmaya başladığında sessizce ve konuşma **bitinceye** kadar dinlenir, cevap vermek için **acele** edilmez.

14. İç sesin konuşması bittikten sonra cevap vermeden önce sakince **düşünmek**, **tane tane** konuşarak cevap vermek iç sesin ikna olmasını kolaylaştırır.

15. İç sesin hiçbir sözü, sorusu ve konuşması **cevapsız** bırakılmaz.

16. Bir oturumda iç sesler ile maksimum konuşma süresi 15 dakikayı geçmemelidir. İç ses bu süre sonunda hâlâ susmadıysa konuşma bırakılır, iç ses seyredilir. İç sesle konuşmanın durdurulup seyredilmeye geçilmesinin amacı enerjisini düşürmek ve sakinleştirmektir. İç sesin sakinleşmesi, susması anlamına gelmez. Seyredilerek sakinleşmeye bırakılan iç ses bir süre sonra yeniden uyanabilir.

17. İç ses, son söze **cevap vermiyorsa** susmuş demektir. Susan bir iç sesin yeniden aktifleşmesi ol-

15 İç seslerle konuşmanın birinci evresinde iç sesin **seyredilmesi** gerektiği anlatılmıştı. Bu evrede ise iç ses seyredilmez, **dinlenilir**. İç sesin agresifliği devam ediyorsa, iç ses dinlenmez, birinci evrede olduğu gibi iç sese cevap verilmez, şaşkınca **seyredilir**.

dukça zordur. Bu durum, iç sesin desteklediği duyguyu bırakmaya razı olması anlamına gelir.

18. İç sesin susması o hissin bilinçaltındaki his ağları ile olan bağını koparması anlamına gelir. Bu, bireyde bir rahatlama ve boşluk hissini beraberinde getirir... Oluşan boşluk hissi **suçluluk duygusunun** tesirinden kurtulma ve **kendilik hissinin** başlangıcının işaretidir... Birey, oluşan bu **boşluk hissini** pozitif bir his olarak tanımalı ve kendini iyi hissetmelidir.

UYGULAMA

Bu adıma geçmek için İç Seslerle Konuşma'nın 1. Evresini tamamlamış olmalısınız.[16]

1. Sessiz bir ortamda olun.

2. Yere oturun.

3. Başınızı sol, aşağıya çevirin.

4. Gözlerinizi kapatın.

5. İçinize derinleşin.

Telefonunuzla QR Kodu Okutunuz

6. İç seslerinizi dinleyin. Ne söylüyor, sizi nasıl kötü hissettiriyor seyredin...

7. İç seslerinize **cevap vermeyin**, kendinizi **savunmayın**, o ne söylüyor olursa olsun aşağıdaki sorulardan birini iç sesinize yöneltin:[17]

- Beni neden suçluyorsun?
- Bana neden kötü davranıyorsun?
- Bana neden kendimi kötü hissettiriyorsun?
- Böyle hissettirmek zorunda mısın?

8. İç sesiniz bu soru karşısında önce sessizleşir, sonra size, sizi suçlu hissettirecek bir cevap verir.[18]

---

16 Birinci etap ilk defa iç sesleri ile konuşacak kişi için geçerlidir. İkinci ve sonraki seferde iç seslerini dinleyecek bir kişi için birinci etapta anlatılan bir haftalık bekleme süresine gerek yoktur. Aynı oturum içinde birinci ve ikinci etapta anlatılan bilgiler uygulanabilir.

17 Bu sorular örnektir. İç seslerinizin yoğunluğu veya o an yaşadığınız durum sizin farklı bir soru sormanızı gerektirebilir. İç seslerinizden yola çıkarak kendi durumunuza uygun iç ses sorusu oluşturabilirsiniz.

18 Kendini affetmek, suçluluk hissini bırakmakla olur. Suçluluk hissi fark edilmesi en zor histir. Her değersizliğin içinde gizli bir suçlamanın izi

İç sesinize cevap vermekte acele etmeyin, bir süre bekleyin. (193. sayfada yer alan İç Ses Gruplarını bilmeniz farkındalığınızın artmasına ve iç seslerinize karşı etken olmanıza katkı sağlar.)

9. İç sesiniz size ne söylerse söylesin, kendinizi **savunmayın**, ona aşağıdaki sorulardan birini sorun:[19]

- Bana kendimi kötü hissettirmesen olur mu?
- Beni suçlamadan konuşsan olur mu?
- Bana iyi davransan olur mu?

10. İç sesleriniz sizin bu '**savunmasızlığınız**' karşısında sakinleşecek, enerjisi düşecektir. Bu aşamada iç sesinize karşı daha güçlü ve daha etken durumda olduğunuzu fark edin. İç seslerinizle konuşulabilir bir aşamaya geçtiğinizi hissediyorsanız, ona **kim olduğunu** sorun:[20]

- Sen kimsin?
- Bana kim olduğunu söyler misin?
- Anne (baba, öğretmenim) sen misin?

11. İç seslerinize yönelttiğiniz **"Sen kimsin?"** sorusu kısa bir sessizliğe yol açar ve iç seslerinizin agre-

---

olacağı gibi, her yetersizliğin de suçlanmışlıkla oluştuğuna dikkat ediniz.

19 Bu sorular örnektir. İç seslerinizin yoğunluğu veya o an yaşadığınız durum farklı bir soru sormanızı gerektirebilir. Örnek iç seslerinden yola çıkarak kendi durumunuza uygun iç ses sorusunu oluşturabilirsiniz.

20 Bu soru oldukça önemlidir. Bu soruyu soruş şekliniz agresif değil, sakin ve duyarlı olmalı. İşbirliğine yatkın olmalı ve gerçekten öğrenme niyeti içermelidir.

sifliğini azaltır. İç sesleriniz size karşı daha edilgen bir hale bürünür. Şimdi aşağıdaki tekliflerden birini yapın:[21]

- Seni anlıyorum anneciğim (babacığım, öğretmenim) ama kendimi kötü hissetmeden de bunu yapabilirim, bana kendimi kötü hissettirmesen olur mu?

- Haklısın, iyilik halimi koruyarak da bu yanlışı (hatayı, kusuru) düzeltebilirim, bana izin verir misin?

- Doğru söylüyorsun, ama kendimi kötü hissetmek istemiyorum. Kendimi yetersiz (değersiz, suçlu) hissetmek istemiyorum. İyi hissetmek istiyorum. Bana kendimi iyi hissetmem için yardımcı olur musun?

12. Buraya kadar olan evrede iç seslerinizin gücü azalacak, muhtemelen sizin iyi hissetmenize katkı sağlamak üzere sessizleşecektir.[22]

13. Şimdi içinizdeki huzursuzluk duygularını bırakmaya çalışın. **(Somatik Bırakma)**[23]

---

21 Bu sorular örnektir. İç seslerinizin yoğunluğu veya o an yaşadığınız durum farklı bir soru sormanızı gerektirebilir. Örnek iç seslerinden yola çıkarak kendi durumunuza uygun iç ses sorusunu oluşturabilirsiniz.

22 İç seslerin susması, sessizleşmesi, enerjisinin azalması, bilinçaltının direncini bıraktığı anlamına gelir.

23 Somatik Bırakma kitabın önceki bölümünde detaylı olarak anlatılmıştı. Somatik Bırakmanın nasıl yapıldığını hatırlamak için **İncinmişlik Duygusunun Bırakılması** konusunun 6. maddesine bakınız.

İç Ses Grupları ve Örnek İç Sesler

A. **Değersizlik** hissettiren iç ses örnekleri;

1. **Layık** olmadığı hissi veren iç sesler;

a. Sen bunlara layık mısın ki...

b. Senin layığın bu zaten (olumsuz bir durum karşısında).

c. Sahip olduğun hiçbir şeyi hak etmiyorsun...

d. Sen ancak bunu hak ediyorsun (olumsuz bir durum karşısında)...

2. Ötekinden **farklı** olduğunu hissettiren iç sesler;

a. Sen onlar gibi değilsin...

b. Sen busun işte...

c. En günahkâr sensin...

d. Yapmacıksın...

3. Duygusal **eşitsizlik** hissettiren iç sesler;

a. Sevilmeye değmezsin...

b. Kullanılıyorsun...

c. Yokluğunu kimse fark etmiyor bile...

d. Sen yapamıyorsun, o sensiz yapabiliyor.

B. Yetersizlik hissettiren iç ses örnekleri;

1. **Eksiklik** hissettiren iç sesler;

    a. Birine göster, eksiği çıkarsa rezil olursun...

    b. Senin yaptığın ne zaman tam oldu ki zaten...

    c. Senin hangi işin yolunda gider ki zaten...

    d. Yanlış yapıyorsun...

2. **Başarısızlık** hissettiren iç sesler;

    a. Yapamazsın, rezil olma bari...

    b. Bu senin yapacağın iş değil...

    c. Bu işin içinden çıkamazsın...

    d. Bırak başkası yapsın...

3. **Mükemmeliyetçi** iç sesler;

    a. Şunu da tamamla, eksik kalacak yoksa...

    b. Bir daha bak, gözünden kaçan bir şey olmasın...

    c. Bitse de bekle, belki eksiğini sonra görür düzeltirsin...

    d. Herkesinki tam, seninkinde bir hata vardır mutlaka...

C. Suçlayıcı iç ses örnekleri;

1. **Sorumluluk** hissettirerek suçlayan iç sesler;

    a. Senin yüzünden oldu...

    b. Öyle yapmasaydın böyle olmazdı...

    c. Sorumlusu sensin...

    d. Geçmiş suçlarının cezasını çekiyorsun...

2. **Aidiyet** eksikliği hissettiren iç sesler;

    a. Herkes acı çekerken sen nasıl acı çekmezsin...

    b. Mutlu olmaya utanmıyor musun?

    c. İnsanlığın eksik senin...

    d. Sen anne olamazsın...

3. **Kişiliğin** aşağılanmasına yönelik iç sesler;

    a. Sen anne misin ki...

    b. Sen insan olamazsın...

    c. Sen ahlaksız birisin...

    d. İki yüzlüsün sen...

4. **Lanet** okuyan iç sesler;

    a. Allah belanı versin...

    b. Ölsen de sen de kurtulsan, herkes de kurtulsa...

    c. Sen her şeyi hak ediyorsun... (Negatif)

    d. Sen lanetlisin...

SOMATİK BIRAKMA

1. İç seslerinizin yoğunluğu azaldıysa gözleriniz kapalı halde kalbinize odaklanın.

2. Kalbinizi usulca bırakın... gevşetin... kalbinizi sıkmayın...

3. Kalbinizi serbest bırakırken kaygı hissediyor olsanız dahi bırakın... kaygıya rağmen bırakın...

BOŞLUK HİSSİ

1. Kalbinizi bıraktıkça içinizde bir boşluk hissi duyumsayacaksınız... Tanımadığınız bir boşluk hissi...

2. Kalbinizdeki boşluk hissinin bütün bedeninize yayılması için bedeninizi serbest bırakın... içinizin genişlediğini hissedin...

3. İçsel genişliğinizin bütün bedeninize yayılmasına izin verin...

İÇ SESLERLE KONUŞMA

Örnek Vaka - 1

Telefonunuzla QR Kodu Okutunuz

• (İç ses) Hiçbir şey yolunda gitmiyor...

• (Birey) Neden bana olumsuz duygu veriyorsun...

• Hiçbir şey yolunda gitmiyor ki...

• Hiçbir şey yolunda gitmese de kendimi iyi hissedemez miyim?

• (Sessizlik)

• Her şey olumsuz olsa da kendimi iyi hissederek o olumsuzlukları yenemez miyim?

• (Sessizlik)

• Sen kimsin...

• (Sessizlik)

• Anne, sen misin?

• Ne yapacaksın? (Annem)

• Anne sen misin?

• Ne yapacaksın, kimsem kimim...

• Kendini kötü mü hissediyorsun anne?

• Sus... konuşma...

• Senin hissettiğin kötü hissi mi hissediyorum ben de...

• Sen kötüsün...

• Kendini kötü mü hissediyorsun...

• Sus, konuşma...

• Çok mu incitildin anne...

• (Sessizlik... Hüzün, ağlama hissi)

• Seni sevmemi ister misin... bir kız çocuğu gibi...

• (Sessizlik... 'Bana ne!' diye omuzlarını kaldıran bir çocuk hissi)

• Kucağıma oturmak ister misin?

• (Sessizlik - Sakinlik, agresifliğin azalması, kucağa oturma hissi)

• Kendini kötü hissetmesen olur mu, iyi hissetmek daha güzel...

• (Sessizlik - Pozitif bir his)

• Bana kendimi kötü hissettirmesen olur mu?

• (Sessizlik - Olur der gibi başını sallayan bir kız çocuğu)

• İçindeki ağır duyguları bırak hadi... Ben de seni bırakayım... Bembeyaz bir boşluğa bırakayım seni... Özgürlüğümü hissedeyim... Olur mu?

• (Suskunluk)

• (Somatik bırakma)

İÇ SESLERLE KONUŞMA

Örnek Vaka -2

• (İç ses) Gönderdiğin mesajı okumamış...

• (Birey) Beni neden sürekli mesajlara bakmaya yönlendiriyorsun...

• Sen de merak etmiyor musun? Mesajını okumamış işte!

• Evet, okumamış... Sen bana kendimi kötü hissettiriyorsun, sürekli söyleniyorsun... Aklıma geçen günkü konuşmayı getiriyorsun, ben de onun mesajlarına geç cevap verdiğim için intikam aldığını söylüyorsun, benimle konuşmak istemediği için bunu yaptığını hissettiriyorsun...

• Yalan mı bunlar? Doğru...

• Doğru olabilir, bana kendimi kötü hissettiriyorsun...

• Bunlar doğruysa kötü hissetmen gerekmez mi zaten...

• Eğer bunlar doğru ise, kendimi iyi hissetmek istiyorum ki bu durumu daha rahat geçirebileyim... Öyle değil mi?

• Kendini haklı çıkarma...

• Sen kimsin, bana söyler misin kim olduğunu?

• (Sessizlik)

• Abla, sen misin?

• He benim...

• Neden bana kendimi kötü hissettiriyorsun...

• (Sessizlik)

• Sen kendini kötü hissediyorsun değil mi?

• (Sessizlik)

• Kalbinde ağır duygular yaşıyorsun değil mi?

• (Sessizlik)

• Ben de senin duygularını hissediyorum değil mi? Senin yaşama bakışını, olaylara bakışını içselleştirdim değil mi? Senin tesirinde olduğum için sen de içimdesin değil mi?

• Evet...

• Seni kendi yaşamına bıraksam olur mu... Ben de kendi özgürlüğümü hissetsem...

• (Sessizlik)

• (Somatik bırakma)

İÇ SESLERLE KONUŞMA

Örnek Vaka -3

- (İç ses) Şu güzel insanların arasında bir tek sen varsın içinde kötülük olan.
- (Birey) Sen kimsin...
- Hiç yakışıyor musun bu iyi insanların arasına... Nasıl da kendini masum gösteriyorsun...
- (İç sesimin kim olduğunu seyretmeye çalışıyorum)
- İki yüzlüsün...
- (Seyir)
- Günahkârsın...
- Sen kimsin...
- (Sessizlik)
- Ayşe, sen misin? (Ayşe, kişinin kendisi)
- (Sessizlik)
- Neden böyle kötü davranıyorsun bana?
- Günahkâr değil miyim, niye saklıyorsun?
- Bana neden kendimi kötü hissettiriyorsun...
- Günahkâr değil miyim sanki, yalan mı?
- Bana neden kötü davranıyorsun?
- Kötü değil miyim zaten?

• Kötü olsam bile, kendimi kötü hissederek kötü yanımı onarabilir miyim?

• Ama gerçek bu, kötüsün... günahkârsın...

• Günah işlemiş olsam bile, kendimi kötü hissederek iyi davranışlara yönelemem ki...

• (Sessizlik)

• Bana kendimi kötü hissettirmesen olur mu?

• Ben bunun nasıl yapılacağını bilmiyorum...

• O halde iyi hissetmeme izin versen... iyilik halimi korusam olur mu?

• Olur...

• Beni başkaları ile kıyas etmesen olur mu?

• Olur...

• Seni sevmeme izin verir misin?

• (Sessizlik)

• Sevgiye hiç alışık değilsin değil mi?

• (Sessizlik - Hüzün duygusu)

• Bundan sonra birbirimizi iyi hissettirsek olur mu?

• (Sessizlik - Başını sallar gibi onaylayan bir his)

• (Somatik bırakma)

İÇ SESLERLE KONUŞMA

Örnek Vaka - 4

• (İç ses) Çocuklarını hep üzüyorsun...

• (Birey) Beni neden suçluyorsun...

• Üzüyorsun çocuklarını, annelik yapamıyorsun...

• Bana neden kendimi kötü hissettiriyorsun...

• Yalan mı, şu çocukların haline bak... beceremiyorsun anneliği işte...

• Evet zorlanıyorum annelik yaparken, bu doğru. Sen bana kendimi kötü hissettirdikçe daha da zorlanıyorum, bana kendimi iyi hissettirsen olur mu?

• Ne yapayım, aferin mi diyeyim çocuklara böyle davrandığında...

• Aferin deme, sadece suçlama yeter...

• İyi ki bi' öğrenmişsin, suçlama, suçlama suçlama... rezilsin, görmüyorsun, suçlama, suçlama, suçlama deyip duruyorsun...

• Sen kimsin...

• Sana ne, ne yapacaksın, kimsem kimim...

• Anne, sen misin?

• Benim, ne yapacaksın...

• Bana neden kendimi kötü hissettiriyorsun...

• Hangi işi tam yaptın ki...

• Bana neden kötü davranıyorsun...

• Sus, ikide bir aynı şeyleri söyleyip durma, git işine bak...

• Anne, kendini kötü mü hissediyorsun...

• Sus diyorum sana, sus, sus, sus...

• (Seyir)

• (Sessizlik)

• Anne, kendini kötü mü hissediyorsun...

• (Sessizlik)

• Babamla yaşadıkların mı sana kendini kötü hissettiriyor...

• Sus diyorum sana...

• Sana sarılabilir miyim?

• Git başımdan...

• Beni seviyor musun anne...

• Git başımdan diyorum sana, git...

• Kız kardeşime sarılmak ister misin?

• O beni kızdırmıyor...

• Hadi ona sarıl, sakinleş...

• (Sessizlik - Sarılma hissi)

• Bana kendimi kötü hissettirmesen olur mu anne...

• (Sessizlik)

• Ben de çocuklarıma senin gibi sarılıp iyi hissetsem olur mu?

• (Sessizlik)

• Bana sarılmak ister misin?

• (Onay veren bir sessizlik)

• (Somatik bırakma)

İÇ SESLERLE KONUŞMA

Örnek Vaka - 5

• (İç ses) Günahın hiç affolunmayacak...

• (Birey) Neden bana kendimi kötü hissettiriyorsun?

• En büyük günahı işledin sen, daha mı kendini kötü hissetmeyeceksin?

• Kendimi kötü hissettiğimde günahım affedilecek mi?

• Hem günah işleyip hem de kendini iyi mi hissetmek istiyorsun, bu ne yüzsüzlük?

• Günahımın affedilmesi için kendimi kötü mü hissetmem gerekir?

• Tabii ki kötü hissetmelisin ki bir daha günah işlemeyesin...

• Kendimi kötü hissettikçe kendimi zayıf hissediyorum, kalbimi ağır hissediyorum... yaşama sevincim olmuyor... bu halimle hiçbir şey yapasım gelmiyor... yüzüm gülmüyor, eşime, çocuklarıma kötü davranıyorum...

• (Sessizlik)

• Bir daha günah işlememek için kendimi iyi hissetsem, daha enerjik hissetsem, yüzüm gülse, eşime ve çocuklarıma da kendilerini iyi hissettirsem olmaz mı...

• Olmaz...

• Neden?

• Sen kendini iyi hissettikçe günaha meyledersin...

• Ben kendimi kötü hissettikçe günaha meylediyorum, kendimi oyalanmaya veriyorum... Instagram'da, Facebook'ta, her yerde kendimi oyalıyorum... Vaktimi ne çocuklarıma ayırabiliyorum, ne eşime ne kendime... Böyle daha mı iyi oluyor?

• (Sessizlik)

• Kendimi iyi hissetmeme izin versen olmaz mı?

• Bilmiyorum...

• İçimdeki o ağır suçluluk duygusunu bıraksam, bembeyaz bir yaşama başlasam olmaz mı?

• (Sessizlik)

• Bırakmama izin verir misin suçluluk duygumu?

• Ya bir daha günah işlersen...

• Günah işlemek istemiyorum, çünkü kendimi çok kötü hissediyorum... o duygudan çıkmak için çok acı çekiyorum... Acı çektikçe yaşama sevincim azalıyor... İyi hissetmeme izin ver ki, güç alayım içimden, toparlanayım...

• (Sessizlik)

• Suçluluk duygumu bırakmama izin verir misin?

• (Sessizlik)

• Günahıma tövbe etmeme izin verir misin... Affolunduğumu hissetmeme?

• (Sessizlik)

• (Somatik bırakma)

İÇİNİZDEKİ ÇOCUĞA SESLENİN

İçinizdeki çocuğa seslenin...

Çocukluğunuzun en masum yıllarına...

Kaybettiğiniz duygularınıza...

Seslenin...

"Çocuksu yanım, neredesin?" diye...

"Yıllar sonra, çocuk olmaya geldim" deyin...

Seslenin çocuksu yanınıza...

"Hadi sen de çocuk ol, sakınma kendini" deyin...

"Şımarmak suç değil..."

"Gülmek, koşmak, ağlamak..."

"Suç değil..."

"Sakınma kendini..."

"Sen suçlu değil, çocuksun" deyin...

"Kendini suçlu hissedersen, özgürlüğünü kaybedersin" deyin ona...

"Kendini iyi hisset ki, iyi hissetmenin gücü ile yanlış davranışlarını düzeltesin" deyin...

Telefonunuzla QR Kodu Okutunuz

"Suçluluğun zayıflığı sana yeni yanlışlar yaptırır, kendini iyi hisset ki, kişiliğin güçlensin" deyin...

O, "ama" dedikçe...

"Fakat" dedikçe...

Kendini suçlu hissedip çocuksu hatalarını söyledikçe...

Tebessüm edin, şefkatlice tebessüm edin çocuksu yanınıza...

Tutun çocukluğunuzun ellerini...

Çocuksu küçük ellerinizi...

"Bir şey olmaz, korkma" deyin...

"Sen çocuksun, kendini iyi hisset...

Suçlu değil, çocuksun" deyin...

"Suçluluk hissini bırak" diye seslenin...

Kalbinizi özgürce genişletin...

İçinizden geldiğince seslenin...

"Suçluluk hissini bırak..."

"Kalbinde hissettiği ağırlığı bırak..." deyin...

Kapatsın o da gözlerini sizinle...

Öğretin ona da...

Küçük kalbini serbest bıraksın...

Usulca seslenin ona da...

"Hadi bırak kalbini, korkma" deyin...

Gevşetsin o da kalbini, bıraktıkça iyi hissetsin kendini...

O bıraktıkça, siz de bırakın kalbinizi...

O iyi hissettikçe siz de iyi hissedin...

Yetişkinliğin ruhsal özgürlüğü,

Çocukluğun özgürlüğünün ürünüdür...

Çocukluğunuzu özgürleştirdikçe, özgürleştirin kendinizi...

KENDİNİ KABUL

Yanlış bir davranışı yetişkinlik yıllarında yaptınız ve bunun suçluluğunu hissediyorsanız kendi gerçeğinizden kaçmayın...

Yanlış davranışınızı savunmayın...

Yanlışınızı kabul edin fakat kendinizi aşağılamayın, ezmeyin, suçlamayın...

"Evet, bu davranış yanlış" diye davranışınızın yanlışlığını kabul edin...

Yanlışınızı kabul etmek, sizi, kendinizi kötü hissettirmeye yönlendirirse içinize dönün... İç seslerinizle konuşun...

İç seslerinize yanlışınızı kabul ettiğinizi söyleyin...

Ancak kötü hissetmenin huzursuzluğu ile yanlış davranıştan uzaklaşmak yerine, iyilik halinizi koruyarak yanlış davranıştan uzaklaşmayı tercih ettiğinizi söyleyin iç seslerinize...

Bilinçaltınız, size kendinizi kötü hissettikçe iyi insan olacağınızı söylese de, siz kötü hissetmenin

huzursuzluğu ile değil, iyi hissetmenin gücü ile iyi olmayı tercih edin.

Yanlış davranışınızı savunmayıp yanlışınızı yanlış kabul ettiğinizde... yanlış davranışlarınızı, kendinizi suçlayarak değil, iyilik halinizi koruyarak bırakabileceğinizi kabul ettiğinizde; kendinizi iyi hissedin...

Bu iyilik hali ile **kendinizi kabul** edin...

Kendinizi kabul ettikçe **kendinizle barışın**...

KENDİNLE BARIŞ

Birey kendini **suçladıkça** kendi ile **barışıklığı** da bozulur.

Telefonunuzla QR Kodu Okutunuz

Kendini sevmesi bozulur...

Sevilmeye değer olmadığını hisseder...

Kendini sevmeyi bırakır...

Ellerini sevmez...

Ayaklarını sevmez...

Kaşını gözünü, burnunu ağzını sevmez...

Vücudunu sevmez...

Başkalarının gözü ile seyreder kendini, suçlayanların gözü ile seyreder bedenini...

Kendinizi affettikçe, kendinizle barışın...

Ellerinizle barışın...

Ayaklarınızla barışın...

Kaşınızı, gözünüzü sevin...

Adınızı sevin...

Saçlarınızı sevin...

Tebessüm edin aynada, tebessümü unutmuş yanınızı sevin...

Sevilmeye ihtiyacınız olan yanınızı, bir anne dokunuşu ile sevin...

Kendinizi kabul edin, kendinize şefkatle sarılın...

ÖZ ŞEFKAT

Kendini affetmemiş kişi kendi kabul edemez...

Kendini kabul edemeyen kişi kendi ile barışık olamaz...

Kendi ile barışık olmayan kişi kendine şefkatli davranamaz...

Hatalar karşısında kendine acımasız...

Yanlışlar karşısında kendine toleranssızdır...

Kendinizi affettikçe, yanlışlarınızı kabul edin...

Yanlışlarınızı kabul ettikçe, korkmayın **kendinizi kabul** edin...

Kendinizi kabul ettikçe **kendinizle barışın**...

Kendinizle **barıştıkça**, kendinize **şefkatli** davranın...

Hatalarınız karşısında kendinize acımasız davranmayın...

İnsan olduğunuzu, hatalar yapabileceğinizi kabul edin...

Yanlışlarınızı düzeltmek için kendinizi iyi hissetmeye ihtiyacınız olduğunu...

İyi hissetmenin kendinize şefkatli davranmanın bir sonucu olduğunu fark edin...

İçinizdeki çocuk halinizi hissedin...

Ona kimsenin bakmadığı şefkat bir dolu bakış ile bakın...

Yeni doğduğu dünyaya...

Bebekken uyuduğu yatağa...

İlkokulda ders yaptığı kâğıda...

Bayramda giydiği ayakkabıya...

Yırtılan çorabına...

Gördüğü rüyaya...

Korkularına... sevinçlerine...

Gizlilerine, saklılarına...

İlk aşkını sakladığı kalbine...

Şefkatle bakın...

O kendini kötü hissettikçe, "kendini iyi hisset" diye tebessüm edin...

"Kötü hissetmek insana iyi gelmiyor" diye tebessüm edin, iyi hissetmenin gücünü şefkatle verin...

ÖZ SAYGI

Çocuk suçlandıkça kendine saygısını kaybeder...

Kaybettiğiniz kendinize saygınızı, içinizdeki çocuğa saygı duyarak yeniden kazanın...

İçinizdeki çocuğa **saygı** ile yaklaşın...

Onu kimse görmese de siz görün...

Canının sıkıldığını görün, oynamak için annesine ihtiyacı olduğunu...

Karanlıktan korktuğunu, babasını aradığını...

Ağladığını... Ağladığında sarılacak bir kucak aradığını...

Güldüğünde eşlik edecek birine ihtiyacı olduğunu...

Fark edin...

Birey yerine koyun içinizdeki çocuğu, onu dinleyin...

Onun dünyasına girerken izin alın...

Kalemini defterini kullanırken izin alın...

Ona ismi ile hitap edin...

Sohbet edin...

Ona hayatı anlatın... gördüklerinizi, yaşadıklarınızı...

Siz anlattıkça o hem öğrenecek, hem kendini saygıya değer hissedecek, fark edin...

Ona şaka yapın, onun şakalarına gülün...

Sokağa birlikte çıkın, yağmurda birlikte koşun...

Kardan adamı birlikte yapın, sokakta birlikte kartopu oynayın...

İçinizdeki çocuk yanınıza duyduğunuz saygıyı yetişkin yanınıza da duyun...

Düşüncelerinize saygı duyun...

Duygularınıza saygı duyun, utanmayın duygularınızdan...

Kıyas etmeden kimseyle kendinizi...

Kendiliğinize saygı duyun...

ÖZ DEĞER

Kendinizi **affettikçe** kendinizi **kabul** edin...

Kendinizi **kabul** ettikçe kendinizle **barışın**...

Kendinizle **barıştıkça** kendinize **şefkatli** davranın...

Kendinize **şefkatli** davrandıkça kendinize **saygı** duyun...

Kendinize **saygı** duydukça kendinize **değer** verin...

Kendi değerinizi başkalarında aramayın...

Değerlilik hissini, kendinize olan saygınızda bulun...

Kendi tercihlerinizin değerli olduğunu...

Kendi sahip olduklarınızın...

Evinizin...

Eşinizin...

Çocuklarınızın...

Evrenin ve içindekilerin...

Ağaçların, kuşların, yağmurun, rüzgârın...

Bir anlam taşıdığını...

Bütün bu anlamların kendinizi değerli hissettikçe görünür olacağını fark edin...

OKUYUCU MEKTUPLARI*

Ayfer B., 34, Ev Kadını, İstanbul,

Kendimi bildim bileli anne babamın hayırsız evladı olarak hissettim hep. Hiçbir zaman onların memnun olacağı bir evlat olamadım. Daha küçükken bile öyle hissediyordum. Annemle ilk anım ilkokul birinci sınıfa denk geliyor. Bir gün bizim binanın dibinde, gölge bir yerde, üç dört kız yere oturmuş, beş taş oynuyorduk. Oyuna o kadar dalmıştım ki birden çok büyük bir gürültüyle neye uğradığımı şaşırdım. Bir araba yoldan çıkıp kaldırımların üzerine fırlamış, hızlıca tam oyun oynadığımız yerde duvara çarpmıştı. Dört kızdan üçümüze bir şey olmadı ama bir çocuk arabanın altında kaldı. Sokaktaki kadınlar bağrışıp koşarak yanımıza geldiler. Gelenlerin arasında annem de vardı. Annem beni arabanın yanında görünce önce rahatladı, sonra bana bağırmaya başladı, "Gözün kör olmaya, burada ne işin var senin... Laf dinlemez halinle öldürdün beniiii..." diye vurmaya başladı. Halbuki benim sokağa çıkıp kızlarla orada

* Bu bölümdeki mektuplar kitap yayımlanmadan önce metnin paylaşıldığı okurlar tarafından yazılmıştır.

oynadığımı biliyordu. Ortalık ana baba gününe döndü bir anda, herkes bağrışıyordu. Arabanın altında kalan çocuğun annesi kızını öyle görünce bayıldı, yere yığıldı. Kadınlar yüzünü su ile yıkamaya çalıştılar.

Neyse ki arkadaşım arabanın tam altında kalmıştı da kurtulmuştu, duvar ile araba arasında kalsaydı ezilip ölürdü.

Bu olay, annemle ilişkimizin özeti gibiydi aslında. Ne zaman olumsuz bir şey olsa, "Gözün kör olmaya, öldürdün beni, öldürdün..." diye bağırırdı.

Ortaokulda veli toplantısında Türkçe öğretmenim anneme, "Kızınızın okuması sınıf ortalamasının altında, yaz tatilinde bolca kitap okusun..." demiş. Eve geldi, "Ben biliyordum senin okumayacağını, sen zaten okula kendini erkeklere göstermeye gidiyorsun, oğlanları peşine takıp keyif almaya gidiyorsun..." diye azarladı durdu. Akşam babam geldiğinde, benden bıktığını, benim arkamı toparlayamadığını, azıcık da onun ilgilenmesi gerektiğini söyleyince kıyamet koptu evde. Babam da anneme bağırmaya başladı. Evde itiş kakış oldu ve babam öfkeyle kapıyı çarptı gitti.

Ben yatak odasına geçmiş, yorganın altında uyumaya çalışıyordum. Annem gelip üzerimi açtı, "Bunlar hep senin yüzünden oluyor, kalk... kalk utanmaz..." diye kolumdan tutup hırpaladı beni.

Liseye geldiğimde bir kız grubumuz oldu. Dört arkadaştık, yediğimiz içtiğimiz ayrı gitmezdi. Ailelerimiz de tanıştığı için her gün birimizin evinde ya ders çalışıyorduk ya gırgır şamata yapıyorduk. Arkadaşlardan birinin erkek arkadaşı vardı. Annemler duysa, beni bir daha onunla görüştürmezdi, onun için hepimiz bunu sır olarak saklıyorduk.

Bir gün arkadaşımın annesi, defterinin arasında bir kâğıt bulmuş. Meğerse erkek arkadaşı o arkadaşımıza bir kâğıt vermiş, bundan bizim de haberimiz yoktu. Kâğıdın üstünde bir kalp, kalbin ortasında da bir ok resmi varmış. Çocuk, okun ucuna kızın isminin baş harfi ile kendi isminin baş harfini yazmış, kalbin altına da "Seni çok seviyorum sevgilim..." yazmış. Annesi bu kâğıdı görünce arkadaşıma yüklenmiş. Arkadaşım da benim ismimin baş harfi ile onunkisi aynı olduğu için kendini kurtarmak adına "Bu benim değil, arkadaşımın, o ailesinden korktuğu için eve götüremiyor, bana verdi sakla diye" demiş. Arkadaşımın annesi de gelip bunu anneme anlatmış. Akşam annemin söylemediği laf kalmadı. Bir yandan elindeki kâğıdı sallıyor, "Bu ne, bu ne o....." diyor... Bir yandan da saçımı çekip itiyordu... Annemin salladığı kâğıdın ne olduğunu anlayana kadar ne kahpeliğim kalmıştı, ne şıllıklığım...

Lise bitip üniversite sınavına girdiğimde korkularım çok büyüktü. Kazanamazsam annemin laflarına katlanamayacağımı hissetmiştim. Sınava girdim, bir bölüme yerleşemedim. Sonuçları öğrendiğinde ilk tepkisi, "Okumakta gözün mü vardı ki kazanasın üniversiteyi..." oldu. Sonra da, "Bir geri zekâlı gelse alsa götürse de seni, biz de kurtulsak, sen de kurtulsan...” diye söylendi.

O gün, içimde bir şey koptu sanki, ilk defa annemin beni gerçekten sevmediğini hissettim. 17 yaşındaydım, annem “Biri gelip alsa da kurtulsam senden” diyordu... Bir yıl sonra bir kez daha sınava girdim. Bu defa 2 yıllık bir bölüm kazandım.

Zaman çabuk geçti, mezun olduktan hemen sonra evlendim. Aslında evlenmek zorunda hissettim kendimi. O zamanları düşünüyorum da ben zannediyordum ki, benimle kimse evlenmek istemez. Hem güzel değilim hem geri zekâlı gibi biriyim gibi hissediyordum. En büyük korkum evde kalmaktı. O yüzden eşimin benimle evlenmek istediğini öğrendiğimde çok sevinmiştim. Daha görmeden içimde bir umut olmuştu. Bir iki kez görüştük, ben hiç düşünmedim acaba sevebilecek miyim, sevemez miyim diye, hemen kabul ettim evlenmeyi.

Şimdi 12 yıllık evliyim. Allah’a şükür, eşim çok çok iyi bir insan. Benimle evlendiği sırada bir ilaç firmasında çalışıyordu, şimdi kendi işini kurdu, maddi olarak da çok iyi durumdayız. O da Adem Hoca’yı takip ediyor, onun da çocukluk travmaları var, konuşabiliyoruz birlikte. Geçmişe ait tüm yıkık dökük duygularımızı onarmaya çalışıyoruz, ama bazıları var ki olmuyor, deri gibi yapışmış üzerimize, çıkmıyor.

Uzunca zamandır aşamadığım iki olumsuz duygum vardı. Biri, eşimin beni gerçekten sevip sevmediğini bilmek istiyordum... “Neden sevebilir ki?” diye çok düşünüyordum... Sürekli "Beni seviyor musun?" diye soruyordum. Eşim sağ olsun, her seferinde, "Seni gerçekten seviyorum..." diye inandırmaya çalışıyordu beni. Ama içim hiçbir zaman tam ikna olmuyordu. Bunun sebebini yıllar sonra Adem Hoca'yı dinlediğimde çözdüm. Ben, kendimi sevilmeye değer hissedemiyordum... Diğer aşamadığım duygum ise bir gün başıma bir şey gelecek, evliliğim yıkılacak gibi hissetmemdi. Sanki adım haksız yere bir erkekle çıkacak gibi hissediyordum. Ya da eşim beni takip edecek, biri ile görecek, bir felaket olacak ayrılacağız gibi korku taşıyordum içimde. Bu korkudan kurtulamıyordum. O yüzden, komşuya gitsem eşime mutlaka haber verirdim, bir arkadaşıma telefon etsem akşam eşime anlatırdım. Eşimin bana hep güvenmesini isterdim gizliden gizliye.

Örneğin, internetten, gazeteden bir aldatma olayı okusak, hemen kendimi kötü hissediyordum. Eşimin benim hakkımda kötü düşünmemesi için, böyle insanlardan nefret ettiğimi söylüyor, "Allah belasını versin böylesi insanların..." deyiveriyordum. Bir gün eşimle internette bir kadının kocasını aldattığını, kocasının da kadını öldürdüğünü okuduk. Ben gayriihtiyari "Gebersin..." dedim kadına... Eşim bana döndü, "Neden kadınlara karşı bu kadar nefret dolusun?" dedi... O güne kadar hiç böyle düşünmemiştim, çok şaşırdım...

O akşam uzun uzun konuştuk, eşim haklıydı. Ben, eşim kadınlarla ilgili olumsuz bir haber okuduğunda bana güveni sarsılmasın diye o kadını kötülüyor, eşimin dünyasında kendimi aklamaya çalışıyordum... Sanki ben ezelden beri **suçluyum** da, eşim bunu bilmesin gibi bir psikolojiydi bu...

Kendini Affet kitabını okuduğumda kendimi buldum. Derin suçluluk duygumun izlerini buldum. Kendimi affetmeye ihtiyacım olduğunu anladım. Hayalen çocuk halimin yanına gittim, annem beni her suçladığında, çocukluğumun yanına gidip ona, "Sen suçlu değilsin, annen öfkeli davranıyor sadece" dedim... Çocuk halime, "Korkuyor musun?" diye sordum... Korktuğunu söyledi çocukluğum, ona sarıldım, "Yanındayım, bir şey olmayacak" dedim. Annemin elindeki kâğıdı sallayıp bana kötü sözler söylediği güne gittim. O gece uyumak için yatağa uzanan genç kızlığımın yanına ben de uzandım. Bir genç kızla sohbet eder gibi yatakta sohbet ettim kendi çocukluğumla. Neler söylemedi ki bana içinde tuttuğu. Hep iftiraya uğrayacağıma ait duyguların o zaman bilinçaltıma yerleştiğini anladım. Çocuk halime, "Sen suçlu değilsin, kendini iyi hisset..." dedim. Bu cümlenin bu kadar büyüleyici bir etkisinin olacağını hiç düşünmezdim. Geçmişte kendimi suçladığım her halimin suçsuzluğunu kendime anlattıkça, içimde rahatlamalar başladı. Özgürleştirdim kendimi sanki. Kendimle barışmaya başladım.

Önceden kambur gibi yürürmüşüm, onu fark ettim. İçim rahatladıkça sanki dikleştim, omuzlarım yerine geldi, yüzüm aydınlandı. İnsanın kendinin suçlu olmadığını hissetmesi, kendini affetmesi ne kadar özel bir duygu imiş, kıymetini anladım. Artık içimde, hayırsız evlat olma duygum yok, anne babamı daha objektif görebiliyorum. Onlara olan öfkem geçti. Onların da psikolojik zorluklar yaşadığını şimdi daha iyi görüyorum. Onlara yardımcı olmak için elimden geleni yapıyorum. Şimdi içim çok rahat.

Suzan K., 42 yaş, öğretmen, İstanbul

Çocukluğum anne babamın kavgalarıyla geçti. Annem sürekli hastalığından yakınan bir kadındı, hâlâ da öyle. Babamsa öfkeli biri... Babamın ne zaman neye kızacağını hiç bilmezdik. Beklenmedik bir anda ya anneme bağırırdı ya bize... Biz üç kız kardeşiz. Babamdan çok çekinirdik... Köşede bir yerde oynarken sesimizi yükseltmemeye çalışırdık. Bazen komik bir şey olur da kendimizi tutamayıp gülsek birbirimizin ağızını kapatırdık babam kızmasın diye. O televizyon seyrederken, önünden geçsek ya da gürültü yapsak, elinde ne varsa fırlatır, küfür ederdi. Bizi sevmesine çok severdi ama kendi istediği zaman...

Annem hep, "Babanız gibi kafanızı kırsam benim de lafımı dinlersiniz..." derdi. Onu sürekli hasta haliyle hatırlıyorum. Acaba sürekli hastaydı da o yüzden mi, yoksa hasta olduğu zamanlardan çok mu etkilendim de onu hep yatakta mı hatırlıyorum, bilemiyorum.

Annemin de babamın da ağzından beddua eksik olmazdı. Babam, kendimi hatırladığım en küçük yaştan beri bize "Sizin gibi hayırsız evlat görmedim..." derdi. Hayırsız evladın ne demek olduğunu bilmesem de çok kötü bir şey olduğunu anladığım için, başkalarının yanında söyleyecek diye korkardım hep. Annemse kızdığında, "Kanser ettiniz beni, kanser..." derdi. Dediği gibi de oldu... Üniversite sınavına gireceğim yıl anneme kanser teşhisi kondu.

Annem kanser olduğunu öğrendiğinde çok ağladı, babamı suçladı, bizi suçladı, "Dert sahibi ettiniz beni" dedi. Yaklaşık iki yıl sürekli tedavi gördü ancak kanserin yayılması önlenemedi. Genç sayılacak yaşta vefat etti.

Annemin vefatı beni çok etkiledi. Pişmanlıklar duydum, gerçekten annemin kanser olmasının sebebi çocukları mı diye kendimi yıllarca suçladım. İçimde hep bir huzursuzluk vardı. Annem, "Bana ettiklerinizi eşinizden, çocuklarınızdan bulun..." diye beddua ettiği için 30 yaşına kadar evlenmedim. Evlendim, eşim çok istediği halde 5 yıl çocuk istemedim. Çocuğuma hamile olduğumda doktorumuz, down sendromlu bir bebeğiniz olabilir dediğinde dünyam başıma yıkıldı. Kabullenemedim.

Bebeğim dünyaya normal olarak geldiğinde içimdeki rahatlamayı tarif edemem. Ama yine de bir çocuk daha yapmaya cesaret edemedim. Sanki annemin sözleri karşılık bulacak gibi iç sesler yaşadım. Halbuki çocuktuk, neydi suçumuz... Ya misafirlikte gülüşmüşüzdür kardeşlerimle, ya parkta oynarken bir çocukla itişmişizdir, annesi şikâyet etmiştir... Toplasak bir elin parmaklarını geçmemiştir bunlar da... Ama anne babamın tahammülsüzlüğü bizim böylesi ağır söz işitmemize neden oldu.

Kendimi her zaman kötü biri olarak hissettim. Üzerime yapışan 'hayırsız evlat' lekesinden kurtulamadım. Ta ki kendini affetmeyi öğreninceye kadar. Şimdiye kadar kendini affetmeyi bilmiyordum, anlatılanları da tam anlamıyordum. Ama ne zaman ki içimdeki çocukla konuşmayı öğrendim... Annesinin ona bağırdığı, kızdığı, beddua ettiği zamanlarda onun yanında olmayı öğrendim... O kendini suçlu hissedip, köşeye bir yere çekilip uyumak için yere uzandığında, ona tebessüm edip "Sen suçlu değilsin, annen şu an öfkeli, hadi kendini iyi hisset" demeyi öğrendim... İçimde büyük bir huzur oluşmaya başladı.

"Küçük bir çocuk neyin farkında ki bu kadar bedduayı hak etsin" dedim iç seslerime... Kendimi suçluluk duygusundan sıyırdıktan sonra, annemle içimde daha çok barışık hale geldim. Ona karşı duygularım daha latif, daha huzur verici şimdi. Ona ne kızıyorum, ne öfkeliyim; onun da çocukluğu üvey anne elinde geçtiği için böyle olduğunu artık biliyorum. Kendimi affettikten sonra içime cesaret geldi, artık kızıma yeni bir kardeş düşünüyoruz eşimle...

Rumuz: Ravza, 42 yaş, İlahiyat mezunu (ev hanımı), İstanbul

Hocam merhaba,

Bana da değer verip kitabınızı henüz çıkmadan gönderdiğiniz için teşekkür ederim. Kendini affetmeyi sizden ilk duyduğumda, bana oldukça anlamsız gelmişti. Ben inançlı bir insanım, inancıma göre, bir kişiyi Allah'tan başka kimse affedemez. Kendimizi affetmek gibi bir kavramı anlamakta zorlanmıştım. Ancak kendini affetmenin detaylarına indikçe, kendimi affetmeye ne kadar ihtiyacım olduğunu fark ettim.

Size anlatacağım olay, ben 8 yaşındayken yaşanmıştı. Yıllarca üzerimde suçluluğunu hissettiğim bu olay, bilinçaltımda öyle yer etmişti ki kendimi en amansız suçlu gibi hissediyordum. Bir gün okula gitmemiştim, hastalanmıştım, yatıyordum. Yerimden kımıldayacak dermanım yoktu, ateşler içindeydim. Annem sürekli su içiriyordu ateşim yükselmesin diye. Çok su içtiğimden olsa gerek tuvalete gitme ihtiyacı hissettim. Benim çocukluğumun geçtiği evde tek bir tuvalet vardı, banyo ile tuvalet aynı yerdeydi. Kapısında da kırık bir kilit vardı, bazen kilitleniyor, bazen kilitlenmiyordu...

Tuvalete gittiğimde babam da o sırada banyo yapıyormuş. Kapıyı açıp içeri girdim ve babamı gördüm. Korkudan ne yapacağımı şaşırdım, babam birden bağırdı: "Gözün kör olmaya, çık dışarı" dedi. Korkudan altımı ıslatmışım. Annem babamın bağırışını duyunca geldi, daha ne olduğunu dahi anlamadan, kolumdan tuttu, "Geç içeri, geç" diyerek beni içeri odaya itti... Babam banyoda anneme olanları anlatırken, ben yatağın içinde ne yapacağımı şaşırmış annemi bekliyordum. Annem yanıma geldi, "Tüü, senin suratına" diye tükürdü. Babamın yüzüne günlerce bakamadım, yıllarca rüyamda kâbus gördüm. Kendimi hep büyük bir günah işlemiş gibi hissettim. *Bırak ve Rahatla* kitabınızı okuduğumda, kendi kızıma banyo ve tuvalet konusunda neden baskı yaptığımı anlamıştım, ancak içimdeki çocuğu suçladığımı, onu affetmediğimi fark etmemişim. Allah sizden razı olsun, içimde yumru gibi duran bu duyguyu bırakmama vesile oldunuz. İçimdeki çocuğa erişip, onunla konuşup ona kendini suçlu hissetmemesini söyledim... Hem de o an ihtiyacım olan bir anne şefkati ile.

Firdevs K., 46 yaş, yönetici, İstanbul

Adem Bey merhaba,

Ben modern bir ailede büyüdüm. Annem babam tutucu değillerdi. Ama yine de üzerimde baskılarını hissediyordum. Ortaokula giderken arkadaşlarımın anne babası harçlık verirdi, benim anne babam vermezdi. Kantinden hiç alışveriş yapmadım, annemlere göre kantin sağlıksızdı. Ama ben arkadaşlarımın içinde küçük düşüyordum, herkes kantinden bir şey alıp okul bahçesinde elindeki yiyecekle dolaşırken benim elimde hiçbir şey olmazdı.

Bir gün teneffüste, sınıftaki herkesin çıkmasını bekledim. Herkes çıkınca öğretmenimin masasında bıraktığı çantasının yanına gittim. Cüzdanından para alacaktım. Böylece kantinden tost alıp ben de basketbol potasının altında arkadaşlarımla yiyecektim. Tam çantaya yaklaştım, içine elimi sokup kurcalıyordum ki öğretmen sınıfa girdi, beni o halde gördü. Utancımdan yerin dibine girdim. Kızmadı, kötü davranmadı, bana bunu neden yaptığımı sordu. Ben de söyledim, "Tost alacaktım" dedim. "Paran yok mu?" dedi, "Yok" dedim... Cüzdanını açtı, bana 10 lira verdi. Ben istemedim, ısrar etti.

Bu olaydan sonra öğretmenimle 3 yıl aynı okulda bulundum, her karşılaştığımda kendimi utanç içinde hissettim. Aradan bunca zaman geçti, içimdeki hırsızlık hissi geçmedi. Bu olayı bugüne kadar kimseyle paylaşamamıştım. Kaç defa sadaka verdim, kandillerde dua ettim ama içimdeki utanç duygusu hiç geçmedi. Sizin kitabınızla fark ettim ki içimdeki utanç dolu çocuk Firdevs'i ancak ben affedebilirmişim. İçimdeki çocuğa erişebilmek, ona suçlu olmadığını söyleyebilmek, utanç duygusunu bırakabilmek ne büyük huzurmuş... Bize bu kitabı kazandırdığınız için çok teşekkür ederim.

Rumuz: Kaya, 38 yaş, iş insanı, Ankara

Adem Hocam selamlar,

Ergenlikten bu yana cinsel içerikli yayınlara düşkün bir yanım vardı. Evlendikten sonra da dahil olmak üzere bu utanç verici davranıştan kurtulamadım. Her defasında tövbe ettim, sadakalar verdim, kurban bile kestim, olmadı. Eşim bir defasında fark etti, hayal kırıklığı yaşadı. Ölsem daha iyi diye düşünüyordum.

Kendini Affet bana büyük bir umut oldu. Kitabınızı heyecanla okudum. Okuyunca sürekli suçlayarak, aşağılayarak, ezerek kendimi duygusal olarak zayıf düşürdüğümü fark ettim. Kendimi aşağıladıkça bir kısır döngüye girdiğimi anladım. İçimdeki suçluluk hissinden kurtulmadıkça bu kısır döngüden de kurtulamayacağımı fark ettim. Kendimi hiçbir zaman affedilmeye layık hissetmediğim için, önce içimdeki çocuğu affettim. İçimde bir huzur hissettim. Çocukluk halimi affetmek kolaydı ama yetişkin halimi affetmekte zorluk çektim. Burada da imdadıma şu sözünüz yetişti: "Yaşadığınız şey bir suç değil, duygusal bağımlılık."

Ben bunu geç fark ettim. Bu bağımlılıktan kurtulmak için kendimde güç hissettim ve kendimi iyi hissetmenin gücü ile toparladım. Size gerçekten çok minnettarım, iyi ki varsınız.

Metin B., 41 yaş, bilgisayar mühendisi, Almanya

Değerli Hocam,

Biz 11 yıllık evliyiz. İki kızımız var. Biri 9, diğeri 7 yaşında. Eşimle evlendiğimiz günden bu yana sürekli çatışıyoruz. Birkaç kez ayrılma kararı aldık ancak bir türlü bunu gerçekleştiremedik.

Yıllar sonra yolumuz sizinle kesişti. Eşimle olan yaşantımızı gözden geçirdiğimizde eşimin beni affetmediğini fark ettim. Bundan dolayı içinde bana karşı sürekli bir öfkenin var olduğunu anladım. Eşimin bana duyduğu öfkenin sebebi, yeni evlendiğimiz sırada, bir sohbet sayfasında biriyle yazıştığımı görmesiydi. Ben o zaman özür dilemek ve kendimi affettirmek yerine, hatamı kabul etmemiş, ona baskın çıkmıştım. Hatta eşimi iftira atmakla suçlamıştım. Sadece kendimi kandırmışım. Eşim o zamanlar sessiz kalıp evliliğimizi devam ettirse de içindeki bu duyguyu bırakmadığını anladım.

Kendini Affet kitabının başında anlattığınız bir olay var. O olay bana çok ışık tuttu. Eşim aynı şeyi yapsa ben ne hissederdim diye düşündüm. Kendimi onun yerine koyunca zihnim aydınlandı adeta. Yıllar sonra eşimin yanına gittim, yaşadığı incinmişlik duygusunu hissederek onunla konuştum. İlk defa yüzümün kızardığını hissettim, ilk defa eşimin bana sıcacık baktığını hissettim. Eşimden beni affetmesini rica ettim. Bu benim çok zor yapabileceğim bir şeydi.

Hocam, sayenizde eşimin de duygusal farkındalığı çok geliştiği için beni incitmedi, sonuna kadar dinledi... Kendi içindeki bana yönelik öfke duygusunu bıraktı... Bunu eşimin yüzünden okuyabildim. Bana ilk defa kendini bırakarak sarıldı... Eşimi şimdi daha çok sevdiğimi, onun da beni daha çok sevdiğini hissediyorum.

Değerli hocam, yaptığınız çalışmalar gerçekten çok büyük, bunu birçok kişiden duyuyorsunuzdur belki ama bizim için sizin anlamınız çok özel. Her şey için çok teşekkür ederiz.

Rumuz: Beyaz Peynir, 31 yaş, öğretmen, İstanbul

Merhaba Adem Bey,

Sekiz yaşındayken bir akrabamızın eşi tarafından istismara uğratıldım. Bunu kimseyle paylaşamadım. Sanki suçlu benmişim gibi kimseye söylemedim. Sizinle karşılaştığımda, o günden bu yana kendimle barışıklığımı kaybettiğimi anladım. Kendimi bir türlü sevemiyordum. Hem suçlu hem kirletilmiş hem de iki yüzlü görüyordum.

Sizin şefkatli cümlelerinizi duyduğumda ilk defa kendimi iyi hissettim. Yıllarca sırtımda bir yük gibi taşıdığım suçluluk duygumdan kurtulmam gerektiğini hissettim. Belki siz olmasaydınız ben sürekli kendime kızmaya, kendimi suçlamaya, acaba ben mi taviz verdim demeye devam edecektim. Sekiz yaşındaki bir çocuk ne taviz verebilir ki diye düşünemeyecek kadar idrakim kapanmış sanırım...

Kendimi affetmek için sekiz yaşıma gittim. İstismar edildiğim gün yaşadığım korkuyu hissettim. Ona şefkat dolu bir sesle seslendim, "Sen suçlu değilsin, çocuksun" dedim... Bana şaşkın gözlerle baktı ve onu suçlamayacağımı anladığında geldi, bana sarıldı. Ne kadar da sarılmaya ihtiyacı varmış, kendini kabul eden birine ne kadar çok susamış... Çocukluk halimi hissettikçe o günü ağlayarak geçirdim. Bir yandan ağladım bir yandan içim rahatladı.

Bugün dışarı çıkıp haykırmak istiyorum, “Ben suçlu değilim, çocuğum” demek istiyorum. Suçluluk duygumdan kurtulmam bana kendimi bağışladı, size çok teşekkür ederim.